AF316247

GRAMMAIRE
METHODIQVE

contenant en abregé

LES PRINCIPES
DE CET ART

Et les Regles les plus necessaires
de la Langue Françoise

dans un ordre clair & naturel,

Avec de nouvelles observations & des
caracteres nouveaux pour en faciliter
la prononciation, sans rien changer
d'essentiel dans l'orthographe ni dans
l'economie des mots.

... toute sorte de gens, ...
... ction particuliere ...
... Roy ... Monseigneur le Duc
... ARTRES.

A PARIS,

Chez l'Auteur le Sr D. V. d'Allais ...
rue du Four, proche du petit Marché,
Faubourg Saint Germain.

M. DC. ...

PREFACE.

L n'est rien à quoi les personnes polies aspirent davantage qu'à la gloire de bien parler & à celle de bien écrire : Mais à faute de suivre des routes droites & assurées, peu de gens ont le bonheur d'y parvenir. Ce n'ét pas assez que d'avoir appris une Langue par une simple imitation, il en faut étudier les principes, en démêler les differentes proprietez, & observer le rapport & la liaison que les matieres ont entr'elles, pour en avoir une connoissance raisonnable. On sçait que l'Art de parler èt l'un des plus anciens, des plus utiles & des plus admirables du monde, & il merite d'autant plus notre estime, qu'il est particulier à l'homme, & qu'il fait un dés plus dous liens de l'honnète societé. Aussi l'importance de cet Art merveilleus, qui contient en soi une très-belle philosophie, a paru si grande aus esprits éclairez de tous les siecles, que plusieurs Grans Genies, & même des Princes, des Rois & des Empereurs, l'ont fort estimé, & n'ont pas crû que ce fût une chose indigne de leur grandeur d'en apprendre la theorie, d'y faire des remar-

PREFACE.

*ques , & même d'en composer
des traitez. De-plus , on peut
dire avec verité , qu'il n'y a
point de science ni d'art liberal
dans la Republique des Lettres dont on ait tant écrit que
de celui-cy, dans toutes les Langues polies ; & depuis que la
nôtre s'èt aquis de la reputation , on ne void par-tout que
des Grammaires Françoises faites en France ou dans les païs
étrangers. Cependant il faut
avoüer, que dans ce grand nombre de Grammaires , on ne nous
a encore donné que des fragmens
& des pieces confuses , où parmi
plusieurs bonnes choses on trouve
de notables defauts , soit dans
la matiere , ou dans l'ordre &
la disposition des parties. On ne*

A iij

PREFACE.

suit point de methode reglée &
uniforme dans l'œconomie des
preceptes, on void à-peine deux
Auteurs qui convienent du veritable son des letres, de la quantité des syllabes, de l'usage
legitime des accens, ni de l'ordre & du nombre des modes &
des tems dans la conjugaison des
verbes. Ils ne parlent presque
point de leurs formes ou genres,
ni de leurs diverses especes ; &
omettant plusieurs choses essen-
tielles à l'art, ou les expliquant
d'une maniere obscure, ils s'é-
tendent le plus souvent en un
détail ennuyeus des choses les
moins importantes. Pour ne pas
tomber dans ces erreurs, j'ai
tâché de ne mettre dans ce petit
Ouvrage, que les matieres les

PREFACE.

plus neceffaires & les mieus choi-
fies, & de les ranger dans leur
ordre naturel, afin qu'on puiffe
facilement & comme tout d'une
vûë remarquer la jufte fitua-
tion & l'enchaînement des par-
ties pour la compofition du tout.
I'efpere que le Prince, pour l'in-
ftruction particuliere duquel il a
efté compofé, en recueillera quel-
que fruit, que le Public en pro-
fitera, & que les Grammairiens
fincéres qui l'examineront fans
préjugé, approuveront cette me-
thode. I'ofe encore efperer qu'ils
cefferont à l'avenir de confondre
les regles de la Langue Françoi-
fe avec celles de la Latine,
dont ils femblent eftre fi entêtez,
qu'ils tirent ordinairement le
portrait de la fille fur le vifage

de la mere, sans considerer que chaque Langue a son air & son caractere particulier.

GRAMMAIRE METHODIQUE.

Definition & Division de la Grammaire.

LA GRAMMAIRE EST L'ART DE BIEN PARLER ET DE BIEN ECRIRE. Elle tire son nom du mot Grec *Gramma*, qui signifie une letre, parce qu'elle traite d'abord de la formation des sons articulez qu'on represente par des letres.

La GRAMMAIRE se divise en { VOCALE & en LITERALE.

La GRAMMAIRE Vocale traite de la parole vivante, & la

Literale de la maniere de la reprefenter par des letres, ce qu'on
appelle ORTHOGRAPHE ou
l'ART d'ECRIRE. Cela fait
voir que la parole & l'écriture
font deus langages diftincts qui
different autant l'un de l'autre que
la copie de l'original.

La GRAMMAIRE fe divife
encore

en $\left\{\begin{array}{l} \text{GENERALE} \\ \text{\& en} \\ \text{PARTICULIERE.} \end{array}\right.$

La Generale traite des principes
communs à toutes les langües.

La Particuliere, outre ces principes communs, traite encore des
proprietez de chaque langue particuliere; & ainfi

La GRAMMAIRE Françoife
eft l'art de bien parler & de bien
écrire en François.

La GRAMMAIRE, foit gene-
rale ou particuliere, a quatre parties principales, à fçavoir

L'ARTICULATION,

LA PROSODIE,
L'ANALOGIE &
LA SYNTAXE.

L'ARTICULATION est cette partie de la GRAMMAIRE qui traite premierement des sons & des letres tres simples, qu'on appelle les Elements de la Parole, & en suite de la maniere de les assembler pour la composition des syllabes & des dictions.

Par le moyen des organes naturels de la parole, les hommes sont capables de prononcer plusieurs sons tres-simples & articulez, d'où se peuvent former un nombre presque infini de sons composez.

De cette source commune chaque langue a tiré autant de sons tres-simples qu'il lui faloit pour la composition de ses mots.

Depuis qu'on a inventé l'Ecriture on represente ces sons tres-simples rangez dans une Table separée, qu'on appelle Alphabet, des deux premieres letres greques *Alpha & Beta.*

Toutes les Nations qui ſavent ecrire en leur langue, ont un Alphabet propre ou emprunté, mais il y en a peu qui s'accordent dans le nombre, l'ordre ni la figure des letres, & encore moins dans l'uſage qu'on en fait, ce qui fait voir que le haſard a plus eu de part dans toutes ces choſes qu'une connoiſſance droite & reglée.

Les François n'ayant point d'Alphabet propre à leur langue ont emprunté celui des Latins qui contient les vint-quatre figures ſuivantes,

a b c d e f g h i k l m n o p q r ſ t u x y z &

Si l'on examine cet Alphabet avec ſoin, on trouvera qu'il ne contient que dix-huit letres ſimples, pour repreſenter autant de ſons, & qu'à l'egard des Latins *x ſ z & &* etoient des abreviations de deus letres; *x* de *gs* ou de *cs*, *z* de *ds*, ou de *ts*, & *&* de la conjonction *et*, que *z k* & *y* etoient des letres etrangeres qui ne ſe trouvent

dans

dans la langue Latine qu'en certains mots derivez du Grec, & que les figures *c k q* ne rendant qu'un même fon, elles ne doivent être contées que pour une feule letre ou fon très fimple reprefenté en trois figures.

De cet examen fincere il eft aifé d'inferer que la langue Latine n'avoit proprement que les dix-huit letres fimples qui fuivent,

a b c d e f g h i l m n o p r f t u.

Cependant nos Ancêtres n'ayant point d'Alphabet propre à leur langue naturele, furent contraints de fe fervir de celui des Romains quand ils commencerent à ecrire en langage vulgaire, mais trouvant dans la fuite qu'il ne fuffifoit pas pour reprefenter tous les fons dont la langue Françoife etoit compofée, ils fe fervirent de quelques voyes indirectes pour fuvenir au defaut de l'Alphabet Latin.

Premierement ils firent fervir une feule letre pour reprefenter

B

un, *deux*, *trois*, & jusques à quatre sons differents ; & tout au contraire ils se servirent en certaines
rencontres de *deux*, *trois* & quelquefois de *quatre* figures differentes pour exprimer un son très simple ; & c'est là sans doute la principale source du desordre de notre
Orthographe. Ce desordre est si
grand qu'après de longues & se-
rieuses meditations, je suis persuadé qu'il est impossible d'y remedier sans le secours d'un nouvel
Alphabet plus ample & plus methodique que le Romain, qui
avec si peu de letres ne sauroit
representer les trente sons très
simples & très distincts dont les
mots de la langue Françoise sont
composez.

L'Alphabet methodique que je
propose ici peut exprimer tous ces
trente sons d'une maniere claire &
distincte sans rien changer à l'etymologie des mots, sans presenter
aux yeux du Lecteur des caracteres inconnus & choquants & sans

renverfer les loix de la Profodie,
comme font quelques-uns en char-
geant les lignes de plufieurs accents mal entendus & encore plus
mal pofez.

Je le propofe donc ici comme
un moyen affuré pour reformer notre Orthographe & la rendre facile & raifonnable: mais je ne pretens
pas l'impofer au Public ni à perfonne en particulier ; chacun eft libre
dans fon choix, & je prevois deja
que plufieurs efprits fuperficiels, ou
trop amis de la coutume le condam-
neront fans l'examiner & même fans
confiderer que toutes chofes changent avec le tems, & que fi les changemens raifonnables n'avoient pas
efté permis, les Arts ne feroient jamais parvenus à aucun degré de per-
fection.

La plufpart des gens aiment
mieux juger des chofes avec temerité, que les examiner avec foin,
parce que le jugement eft prompt &
facile, & l'examen long & penible.
Mais lors qu'on propofe des veritez

folides, il ne faut pas douter qu'avec le tems, elles ne triomphent de l'erreur & de l'ignorance pour devenir enfin publiques. Quelque injufte que foit le Siecle prefent, la Pofterité rend tôt ou tard juftice ; & fi cet Alphabet eft fondé en raifon, comme j'en fuis perfuadé, il ne faut point douter du bonheur de fa deftinée.

Nous avons vû de notre tems des changemens dans l'orthographe que tout le monde condennoit d'abord, & qui n'ont pas laiffé de s'authorifer peu à peu, ce qui paroift principalement dans le retranchement de plufieurs letres fuperfluës & dans la diftinction que toutes les perfonnes exactes font aujour'dhui entre *i* & *u* voyelles, & *j* & *v* confones. Ceux qui voudront fe tenir à l'alphabet Latin le trouveront dans cet ouvrage, & ils font libres de fauter s'il leur plaift, celui que j'y propofe, même fans y jetter les yeux.

J'en divife d'abord les letres en

Voyelles & en Confonantes, fuivant en cela la divifion ordinaire
& les rengeant en deux lignes fe-
parées , pour en marquer la difference & l'ordre naturel felon la
fituation des organes qui ont le
plus de part à leur formation.

ALPHABET

METHODIQUE.

Voyelles.

a e ɛ i e o eu ou u.

Afpiration h ĥ.

Confonantes.

g c, l ſ, n gn ɲ, r ɼ, z s,

j ç h, d t v f b p m.

LEs preuves neceſſaires pour
faire voir l'utilité de cet Alphabet demanderoient autant d'articles qu'il y a de difficultez dans
notre orthographe , ce qui ne fe
peut faire fans paſſer dans un detail contraire à la brieveté que je

me ſuis propoſé dans ce petit Ouvrage ; je me contenterai donc
d'expliquer ſuccintement les figures nouvelles dont je me ſers pour
la diſtinction des letres.

a *bref* il m'attaqua , attaché.
a *long* paté, théâtre, qu'il tachât.
e *ouvert* net, fer, tetu, procês.
e *maſcul.* etat, bien, bonté, eté.
e *femin.* beſoin, dire, pâte, âme.

Eu eſt une veritable voyelle ſous
l'apparence d'une diftongue. Ce
qu'on peut voir dans ces mots ,
peu, feu, neutre, meute, pudeur, &c.

Dans les preterits des verbes
nous la prononçons comme un *u*
ſimple: comme auſſi dans quelques
autres mots. Exemples.

n. eûmes, ou ûmes : *v.* eûtes, ou
ûtes : *une meure,* ou une mûre.

Ou eſt auſſi par-tout une ſimple
voyelle que nous prononçons comme les Italiens prononcent leur *u.*
Ex. *Ouvrir, étouffer, bijou.*

Nous prononçons le plus ſouvent un *e* comme un *a* devant une
m ou une *n* , ce qui fait un grand
embarras dans la lecture. Pour l'é-

viter je le marque d'un point à la teſte en cette maniere : *é* : *émploi, prudént, énténdemént.*

Il y a des mots où la voyelle (*e*) ſe prononce dans les quatre manieres dont j'ai parlé. *Exemple, émpechée, énfermée.*

La voyelle (*o*) devant une (*m*) ou une *n* rendant un ſon mitoyen entre (*o*) & *ou*, pourroit bien conſtituer une dixiéme voyelle. Exemp. *homme, ombre, honte, garçon.*

Il faut auſſi remarquer que la voyelle (*u*) jointe à une (*m*) ou une (*n*) ſe prononce comme *eu.* Ex. *humble, commun*, qu'il faut prononcer, *heumble, commeun.*

Venons maintenant à l'explication des conſones, aprês avoir parlé des voyelles.

h *muette* habile, hier, ſouhait.
h *aſpirée* hâte, honte, hurler.
l *ſeiche* fouler, piler, ville.
l *moüillée* foüiſſer, piſſer, ſiſſe.
n *naſale* Reine, peine, borne.
gn *moüillée* Regne, borgne.
n *ronflante* conte, an, garçon.

r *douce* oraiſon, mari, guere.
r *rude* raiſon, marri, guerre.
j *conſone, ou* z *moüillé* jalous.
çh *ou* ſ *moüillée*, çherçher.
v *conſone ou* ſ *molle* veuvage.

Bien que cet Alphabet peût ſuffire pour repreſenter diſtinctement
tous les ſons de notre Langue;
néammoins à-cauſe de la coutume,
& pour conſerver l'ɛtymologie de
pluſieurs mots, il eſt bon d'y ajouter les figures ſuivantes dans une
Table à-part.

y *pour* i, ſyntaxe, venez-y, ſyndic.
g *pour* j *conſone*, genereux, gîte.
ç *pour* ſ, çà, façon, conçû, reçu.
ch *pour* k, chœur, chretien.
ph *pour* f, philoſophe.
th *pour* t, auteur, metode.
z *devant un* i *pur*, c'eſt-à-dire ſuivi
d'une autre voyelle.
Marzial, eſſenziel, porzion.
x *doux* exiger, exact.
x *dur* ſexe, fixe, luxe.

Je repreſente les letres muettes
par des caracteres Italiques. *Ex.*
baſton, fils, langue.

Du melange des voyelles & des
confones fe forme l'articulation
compofée.

Deus voyelles unies en une fyllabe font une Diftongue, &
trois une Triftongue. Je les
divife toutes

$$
\text{en} \begin{cases} \text{VERITABLES,} \\ \text{en} \\ \text{DOUTEUSES, \&} \\ \text{en} \\ \text{FAUSSES.} \end{cases}
$$

Les veritables diftongues font
celles où l'on entend diftinctement
le fon des deux voyelles, & les
triftongues des trois voyelles unies
en une fyllabe.

Les veritables diftongues font
les dix fuivantes.

ia feulement dans *diable*, & fes
   dérivez.

ie ciel, fier, fief, entier.

ié pié, mien, altier, acier.

oë dans *boëte*, *coëffe*, & leurs
dérivez.

ui huitre, pourfuivre, étui.

   ieu eft une veritable diftongue

ſous l'apparence d'une triſtongue.
Exemple. *Dieu, lieu, mieus.*

On en peut dire autant de *oüa,*
oüe, oüi, dans *poüacre, feüer, oüi,* ita.

La voyelle (*i*) jointe à une (*m*) ou
une (*n*) fait une veritable diſtongue.
Exemple.

ſimple } prononcez { ſſimple
invincible } { ɛinvcincible.

Nous avons trois diſtongues
douteuſes, c'eſt-à-dire qui ſont de
veritables diſtongues dans de certains mots, & de ſimples voyelles
en valeur dans d'autres mots, où
même leur ſon varie.

La diſtongue *ai* jointe à une *m*
ou une *n,* eſt une veritable diſtongue qui ſe prononce comme *ei* dans
daim, faim, main, bain, & autres
tels mots.

Mais ailleurs *ai* ſe prononce
comme un (e) *ouvert,* ou comme un
(ɛ) *maſculin.* Comme un (e) *ouvert*
dans preſque tous les mots où elle
ſe trouve. Exemple: *fai-re, plai-ne,*
fai-te, dais.

Mais quand elle precede une ſ

moüillée, elle ſe prononce le plus
ſouvent comme un α *long*, & l'*i*
qui la ſuit n'eſt mis devant l'ſ que
pour l'amollir. Ce qu'on peut auſſi
dire de l'*ei*. *Exemple*.
battâ-ille, mâ-ille, ba-il,
verme-il, ſole-il, éve-illé.

Dans la premiere perſonne du
Singulier du tems defini de la premiere conjugaiſon, au mode Indicatif, & dans la premiere perſonne
du futur du même mode, dans toutes les conjugaiſons, *ai* ſe prononce
comme un *é maſculin*, comme auſſi
dans quelques autres mots.

Exemples.

je portai		je porté
je porterai		je porteré
je banirai	*prononcez*	je baniré
je recevrai		je recevré
je peindrai		je peindré

Comme auſſi dans *aimer, ainé*, j'ai
ſçû tout ce qu'il ſait.

Il ſeroit à ſouhaiter que dans des
choſes arbitraires, comme ſont ces
terminaiſons des tems, on voulût
s'accoutumer à écrire par un (é)

masculin, & non par la fausse diftongue *ai*.

La diftongue *ei* jointe à une *n* se
prononce comme elle est écrite.
Ex. *peindre. teinture, sein.*
Mais par-tout ailleurs elle se prononce comme un (e) *ouvert.* Ex.
Re-ine, Se-igneur. verme-il.
La diftongue (*oi*) pour être trop frequente dans notre langue a esté con-
vertie en (e) *ouvert* en plusieurs endroits. Dans presque tous les mono-
syllabes elle est une veritable diftongue, & se prononce comme *oe*
contractez. Ex. *Roi, loi, foi, quoi,* &c.
Comme aussi dans tous les Infinitifs de la troisiême conjugaison.
Exemp. *avoir, pouvoir, sçavoir,*
& dans beaucoup d'autres mots.
Mais dans les tems imparfaits des
Verbes on la prononce ordinairement comme un (e) *ouvert.* Exemp.

je *portois*		je portês
tu *batissois*		tu batissês
il *devoit*	*prononcez*	il devet
elle *diroit*		elle diret
ils *feroient*		ils ferêt

Il

Il seroit à souhaiter qu'on voulût banir cette diftongue de ces
temps, & lui fubftituer l'e *ouvert*:
ce qui ne gateroit rien dans l'etymologie, n'introduiroit point
d'equivoque, & rendroit l'écriture
beaucoup plus nette.

Les fauffes diftongues font celles
qui font en effet de veritables
voyelles, fi on confidere leur fon.

Au eft la plus frequente, & fe
prononce ordinairement comme
un (ô) *long.* Exemple.
faute, cotau, furfaut, Gaule.
Neanmoins il me femble qu'il y a
quelque difference entre
hôtel & autel, otant & autant.
Il fe prévaut de l'abfence des Pre-
vofts.

Les autres diftongues font moins
frequentes, & fe reduifent à de
fimples voyelles. En voici des
exemples.

Ifaac	*ou*	*Ifác*	quel
feeler		*fêler*	marqué
roole		*rôle*	barque
Cæfar		*Cefar*	quitter

Caën	*Cân*	qu'on se taise
pâ-ille		
Paon	*Pân*	
changeant		⎰ qu'un chacun se
Sole-il		⎱ rejouïsse, &c.
Pigeon		
meurier		
œconome	*econome*	
roide	*rede*	

Outre qualité.

Nous n'avons qu'une veritable triftongue fous l'apparence d'une diftongue, à fçavoir (*oin*) qui eft affez frequente dans notre langue, & dans laquelle on peut difcerner le fon de ces trois voyelles (*oei*) devant une (*n.*) Ce qu'on pourra voir dans ces exemples.

joeindre ⎱	qu'on écrit	⎰ joindre
poeintu ⎰		⎱ pointu

Pour ce qui eft de *iau* dans *miau* voix de chat, & fes dérivez, je ne croi pas que ces trois voyelles y foient unies en une fyllabe, quoi qu'en difent les Grammairiens ; & je prefere à leur opinion, l'exem-

ple d'un fameux Poëte qui la divise dans ce vers,

L'un miaule en grondant comme
un tigre en furie.

Les autres triftongues font fauffes , quoi qu'on trouve fouvent
trois, & mefme quatre voyelles
dans une fyllabe : mais il n'y en a
qu'une ou deux de prononcées ,
comme on peut voir dans les exemples fuivans.

Geai *ou* Gê *nom d'oiseau.*

beau   orgueu-*il*

cerfeu-*il*   accueu-*il*

vie-*il*   oeu-*il*

œ-*il*

cœur   oüais !

            ils mange*oiênt*
ils dir*oiênt*   ils commenç*eoiênt*

un foüet

du fenou-*il.*

Il en eft de-même des autres
fauffes triftongues , dans tous les
mots où on les trouve ; elles fe reduifent en diftongues ou en voyelles fimples. Ce grand embarras de
voyelles fuperfluës ne vient que du

defaut de l'Alphabet Latin, qui n'a pas affez de letres fimples pour reprefenter tous les fons de notre langue ; ou du changement de la prononciation, qui dans toutes les langues eft fade & dégoûtante quand les mots ont trop de voyelles : ce qui a donné lieu aux contractions. Mais elle eft dure & choquante lors qu'ils ont trop de confones. Et comme la douceur du langage vient principalement du jufte mélange des voyelles & des confones, & que toutes les langues qui fe poliffent, tâchent de parvenir à cette douceur, elles rejettent peu-à-peu les letres qui rendent les dictions trop molles ou trop dures. Pour cette même raifon elles en ajoûtent quelquefois qui ne fignifient rien & qui ne fervent que pour remplir les *hiatus*, ou bâillemens defagréables : ce qui paroît dans l'ufage des letres muettes, que nous allons expliquer fuccintement.

DES LETRES MUETTES.

JE divise les letres muettes en deux sortes, *à savoir* en celles qui ne se prononcent point, & en celles qu'on prononce en des endroits, & non en d'autres.

Celles qui sont toujours muettes, comme (*a*) dans *août*, (*e*) dans Caën, *o*, *i*, *n*, dans parl*oien*t, *s* dans pa*s*le, &c. pourroient facilement être recherchées; & je pense qu'on feroit bien de suivre l'exemple de quelques Auteurs qui ont écrit ces mots en la maniere suivante:

Oût, Cân, ils parlêt, pâle, &c.

Mais il faut être fort judicieux dans ces occasions, & considerer qu'il y a des mots d'où si l'on otoit les letres muettes, on introduiroit des equivoques, & l'on en confondroit tout-à-fait l'etymologie: ce qui feroit un tres-mauvais effet, comme on peut voir dans les exemples ſuivans :

cœur	chœur
faux	faulx
poix	poids
Grammaire	Grand-mere

Tout le remede que je puis trouver au deſordre que cauſent ces letres muettes, qu'on ne peut retrancher, eſt de les diſtinguer dans les livres imprimez, par des caracteres differens de ceux dont on ſe ſert dans le corps du diſcours. Par exemple : Si on uſoit dans un livre du caractere Romain, il faudroit marquer les lettres muettes de figures Italiques : & ſi on uſoit generalement du caractere Italique, il faudroit marquer ces letres toûjours muettes d'un caractere Romain, ſelon les exemples qui ſuivent :

faulx		*faulx*
fils		*fils*
mets	ou bien	*mets*
il eſt		*il est*
Chœur		*chœur*
Pigeon		*Pigeon*

Les letres douteuſes, c'eſt-à-dire celles qu'on prononce en des endroits, & non en d'autres, ſont premierement l'(*e*) feminin, qu'on elide toujours de la fin des mots quand il precede une diction qui commence par une voyelle, pourvû que le ſens de ces deux mots ſoit uni, & qu'ils ne ſoient point ſeparez par un coma ou autre diſtinction. Exemp. *une belle âme, une armée invincible,* &c.

Il faut prononcer ces mots & autres ſemblables, comme s'ils étoient écrits, *une bell' âme, un' armé invincible.*

Les autres voyelles finales ne s'elident jamais devant les mots qui commencent par une voyelle, à l'exception de l'(*i*) dans la particule *ſi* qu'on elide devant le pronom perſonel *il,* & ſon pluriel *ils.* Exemple. *S'il eſt vray, S'ils ont raiſon,* &c.

Mais par tout ailleurs cet *i* ſe prononce devant une autre voyelle. Exemp. *Si on le veut, ſi elle dit vray, je ne suis pas si heureux,* &c.

On elide aussi les voyelles fina-les des particules suivantes, *le, la, de, je, me, te, se, ne, que,* devant les mots qui commencent par une voyelle : mais on marque cette eli-sion d'un apostrophe. Exemp.
L'ambre, l'ombre, l'homme, l'hi-stoire, parler d'amour, j'aime, je m'étonne, tu t'imagines, il s'écoute, il n'a rien, qu'on se taise, &c.

La plûpart des consones finales, & sur-tout *d g p q s t x z,* ne se prononcent point quand le mot qui les suit commence par une conso-ne. Exemp. *un grand garçon, il fait trop froid, un petit grimaud, cinq femmes, un pot de vin, la paix n'est pas faite, parlez de moi, bonnes âmes,* &c.

Mais toutes ces letres que nous avons marquées comme muettes, devant d'autres consones, se pro-noncent devant des voyelles: Ex. *un grand homme, il est enfin trop honneste, un petit ange, cinq hom-mes, un pot à miel, la paix est affermie*, *parlez* à *moi bonnes* *âmes*, &c.

La letre *s*, pour être trop fre-quente dans notre langue qu'elle rendoit dure & sifflante, a esté ba-nie de plusieurs dictions, & ne se prononce que rarement à la fin des mots, à-moins que ce soit pour eviter les equivoques, & pour ren-dre le discours plus intelligible. Par exemple on la prononce dans les mots suivans & plusieurs autres : *Le bon sens, une vis, la ville de Mets, la cité de Burgos, d'Argos, le Dieu Bacchus, la Deesse Venus, la belle Iris*, &c.

On en peut dire autant de la le-tre (*r*) qui pour être trop frequente ne se prononce presque point dans l'Infinitif des verbes, ni dans les mots terminez en *ier*. Exemp. *Parler poliment : le premier Roi du monde*, &c.

Par une raison contraire on met quelquefois des letres dans des mots où elles ne sont point essen-tielles : mais on les y met seule-

ment pour remplir les *hiatus* que
fait la rencontre des voyelles qu'on
ne peut elider fans eftropier les dictions. Dans ces occafions on fe
fert des letres *l s t*, en de certains
lieux, pour eviter la cacophonie.
Exemp. *Si l'on m'accufe. Je dis une
chofe. Je dois aller à Rome. Parle-
t-il François? A-t-elle fait? Parle-
t-on de nous?*

Mais comme l'une des plus grandes difficultez de notre langue con-
fifte dans la diftinction de quelques
fons differens, que nous reprefen-
tons avec un feul caractere, je
donnerai ici des regles pour connoitre cette difference dans la
voyelle (*e*), où fe trouve la plus
grande difficulté.

J'ai déja dit que nous la prononçons en quatre manieres : ce que je
marque diftinctement par ces quatre figures : e *ouvert*, ε *mafculin*,
e *feminin*, & é devant une *m* ou
une *n* joint à l'une de ces deux
confones. Mais parce que cette diftinction de figures n'eft pas encore

reçuë, quelque belle & commode qu'elle soit, je donnerai ici quelques regles pour connoistre les differens sons de cette voyelle.

DE L'e OUVERT.

QUand un *e* precede deux ou trois consones prononcées, au commencement, au milieu, ou à la fin des mots ; cet *e* est toujours ouvert. Ex. *Herbal, Melchior, ouverts.*

Exceptez de cette regle les *e* qu'on trouve devant une *m* ou une *n,* que le plus souvent on prononce comme un *a.* Exemp. *il entend.*

Dans les dernieres syllabes des mots terminez par les consones suivantes, *b c f g l p t x,* l'*e* est toujours ouvert. Exemp. *Caleb, bec, chef, leg, julep, net, vertex,* &c.

Dans la penultiéme des mots terminez par un *e* feminin, les deux *e* étant separez par une consone, le premier est ordinairement un e *ouvert*. Exemp. *blême, fidele, tête*, &c.

Exceptez de cette regle (l'*e*) de la penultiéme syllabe des mots terminez en *iére* qui viennent des noms masculins en *ier* ou en *er*. Ex. Premier *premiére*, dernier *derniére*, avanturier *avanturiére*, menager *menagére*, &c.

Il en faut excepter aussi les noms ordinaux terminez en *iéme*, qui ont un (ε) masculin dans leur penultiéme, & quelques autres mots. Ex. *deusiéme, troisiéme, trentiéme, centiéme, sincére, misére*, &c.

DE L'e *MASCULIN*.

ON s'est accoutumé à marquer l'ε *masculin* d'un accent aigu, pour le distinguer des autres *e*. Et quoi-que cette coutume viole souvent les loix de la Prosodie, elle n'a pas laissé de s'introduire; si-bien que lors qu'on trouve cette voyelle marquée d'un accent aigu, elle

est

est ordinairement un (e) *masculin*, & sur tout à la fin des mots où l'accent est toujours bien posé. Ex. *un ecrit, une epée, la beauté.*

Quand on trouve un (e) devant une autre voyelle, & qu'il en est separé, il est masculin. Exemp. *ge-ant, obe-ir, re-ussir.*

Il faut excepter de cette regle (l'e) muet, qu'on met après un (g) & un (c) pour conserver au premier le son de l'j consone. Ex. *changeant, plongeon,* &c. & au second le son de l'ſ. Exemp. *il percea,* qu'on ecrit maintenant avec une cedille, il *perça, façon,* &c.

On pourroit de-même retrancher (l'e) muet d'après le (g) si la distinction de ces deux figures etoit reçûe *g* (*g.*)

Dans les Infinitifs en (er) de la premiere conjugaison, & devant toutes les personnes des verbes, où (l'e) precede un z, il est masculin. Ex. *Parler, v. allez, v. direz.*

Dans tous les mots terminez en (ée) l'e de la penultiéme est masculin. Ex. *armée, epée, trophées.*

Dans les prepofitions fuivantes *de, e, pre, fe,* l'*e* eft toujours maf-culin. Exemp. *detruit, edénté, predit, feparer,* &c.

Dans tous les participes paffifs de la premiere conjugaifon au genre mafculin, & dans tous les adje-ctifs qui les imitent, comme auffi dans tous les noms verbaux termi-nez en (*té,*) l'*e* final eft mafculin. Exemp. *aimé, affuré, inopiné, bon-té, pitié,* &c.

DE L'*e* FEMININ.

Lors qu'on trouve un (*e*) fans accent à la fin des mots, c'eft toujours un (*e*) feminin.

Dans tous les noms verbaux ter-minez en *ement,* l'*e* de la penultié-me qui precede l'*m,* eft toujours feminin. Exemple.
etonnement, ajuftement.

On en peut dire autant de pref-que tous les adverbes de qualité

qui ont cette terminaiſon, & qui
ſont formez des adjectifs du genre
féminin. Exemp. *fortement, belle-
ment, hautement,* &c.

Mais il faut excepter *communément, preciſément,* & quelques
autres adverbes dont l'*é* de la penultiéme eſt maſculin.

A la fin de toutes les perſonnes
du temps preſent de l'Indicatif &
du Subjonctif de la premiere conjugaiſon, & dans la troiſiéme perſonne du nombre pluriel du même
tems, devant (*nt*) l'*e* eſt toujours feminin. Exemp. *Ie parle, tu parle-s,
il parle, ils parle-*nt : comme auſſi
dans la ſeconde & les deux troiſié-
mes perſonnes du mode Imperatif.
Exemp. *Parle, qu'il parle, qu'ils
parle-*nt.

Dans la troiſiéme perſonne du
tems defini au nombre pluriel, devant *nt* dans toutes les conjugaiſons (l'*e*) eſt feminin. Exemp. *ils
parlére-*nt, *ils banire-*nt, *ils reçû-
re-*nt, *ils craignire-*nt. On en peut
dire autant du Subjonctif. Exemp.

qu'ils parlaſſe-nt, bâtiſſe-nt, reçûſ-
ſe-nt, craignîſſe-nt, &c.

Dans la penultiéme du futur de
l'Indicatif & de l'imparfait du conditionel de la premiere & de la
troiſiéme conjugaiſon des verbes
reguliers, (l'*e*) eſt toujours feminin.
Exemp. *Ie parle-rai, tu parle-ras,
il parle-ra: n. parle-rons, v. parle-
rez, ils parle-ront :* & ainſi dans
toutes les perſonnes du conditionel
qui ſe forme de ce temps. Exemp.
*Ie rece-vrois, tu rece-vrois, il rece-
vroit: nous recevrions, vous rece-
vriez, ils rece-vroient.*

Dans pluſieurs dictions compo-
ſées de deux noms ſubſtantifs,
comme ceux qui ſuivent, l'*e* du
premier nom eſt feminin. Exemp.
*un porte-epée, un tire-bourre, un
chaſſe-marée,* &c.

L'*e* de la prepoſition inſeparable
(*re*) eſt ordinairement feminin. Ex.
re-dire, re-pouſſer, re-volte, &c.
Mais il faut excepter *réduire, ré-
forme, réveiller,* & quelques autres
mots avec leurs derivez.

Les autres regles qu'on pourroit donner sur la distinction des (e) sont incertaines, ou de petite utilité ; & je croi qu'il vaut mieux les apprendre par l'usage commun, que par des preceptes ennuyans.

DE LA
PROSODIE,

Seconde Partie de la Grammaire.

OMME on ne ſauroit prononcer une letre ni une ſyllabe, ſans lui donner une quantité & la faire breve, longue ou indifferente ; par cette raiſon la Proſodie eſt naturellement la ſeconde partie de la Grammaire, puis qu'elle traite de la quantité des letres & des ſyllabes, d'où la Poëſie metrique a tiré ſon origine.

C'eſt donc ſans raiſon que les Grammairiens, n'ayant que les vers en vûe, en ont fait la quatriéme partie de la Grammaire, comme ſi elle ne s'occupoit qu'à meſurer les piéds metriques, & qu'elle ne ſervît de rien dans la Profe.

Cependant c'étoit fon office de regler la quantité des fyllabes & l'accent des dictions, avant qu'il y eût aucun Poëte au monde.

DEFINITION
& divifion de la Profodie.

LA PROSODIE eft la feconde partie de la Grammaire, qui traite de la Quantité des Syllabes, de l'Accent des Dictions, & des diverfes inflexions de la voix à l'égard du Ton & de l'Emphafe.

Selon cette definition la Profodie a quatre parties diftinctes, à favoir

LA QUANTITÉ   LE TON
                            }   &
L'ACCENT   L'EMPHASE.

La Quantité des fyllabes fe mefure par le temps qu'on met à les prononcer, & de-là vient qu'il y en a de *breves*, de *longues*, & de *mediocres* ou *indifferentes*.

Les syllabes breves n'ont qu'un tems ou demi-note de musique. Exemp. *a-mi*, *o-be-ir*, *e-qui-té*.

Les syllabes longues ont deux tems, ou une note entiere de musique. Exemple, *au-tant*, *im-pôt*, *guer-rier*, &c.

Les syllabes indifferentes sont breves par nature; mais on les peut faire longues par position, ou par accent. Exemple, *bat*-tre, *re*-gle, *ti*-tre, *pro*-pre, *lu*-trin, *sou*-ple, *eu*-vre, &c.

Outre cela il faut remarquer qu'il y a dans notre langue des syllabes *tres-breves* & de *tres-longues*.

L'(e) *feminin* est tres-bref dans tous les mots où il se trouve. C'est pourquoy il ne peut soûtenir l'accent, mais le rejette toûjours sur la syllabe qui le precede. Ex. *ar-mé-e*, *cô-te*, *flû-te*.

Il fait même des enclitiques sur de certains mots detachez qui le précedent. Exemple, *est-ce*, *en-ce*, *à-ce*, *sur-ce*, *par-ce*, *di-je*, *parlé-je*, *suis-je*, *iré-je*, &c.

Mais les syllabes longues par nature deviennent quelquefois *trés-
longues* par pofition & par accent,
& alors elles ont trois temps, ou
une note & demi de mufique. Ex-
am ple, re-*gî*-tre, *an*-tre, *con*-tre,
neu-tre, *crou*-te, *flû*-te, &c.

Quoi-que la quantité des fyllabes foit un accident de la parole
commun à toutes les langues; néan-
moins comme c'eft une chofe fort
delicate, peu de Nations ont eu le
foin de la marquer & de la réduire
à des regles. Et comme cette matiere a beaucoup d'étenduë, &
qu'elle demanderoit un gros volu-
me, je me contente d'en parler ici
en paffant, pour fuivre l'ordre que
je me fuis propofé dans ce petit
Ouvrage. Je la referve donc pour
un Dictionnaire, où j'efpere de la
traiter plus amplement, pour l'utilité de ceux à qui cette connoiffan-
ce eft neceffaire.

DE L'ACCENT.

L'ACCENT eſt proprement une elevation de la voix, ou, ſi l'on veut, un ſon eminent qu'on donne à l'une des ſyllabes des dictions qu'on prononce.

Pour bien connoiſtre l'Accent, il en faut premierement conſiderer la *nature*, & enſuite le *ſiege* ou lieu de ſa poſition.

L'Accent eſt de ſa nature aigu, grave ou circonflexe, c'eſt-a-dire etendu, qu'autrement on appelle contourné.

Il eſt naturellement dans la voix & dans la parole vivante : & comme on a inventé des letres pour repreſenter le diſcours vivant, on a auſſi inventé trois petites figures pour marquer les trois accents de la voix en la maniere ſuivante :

(´) *accent aigu* (`) *accent grave* (^) *accent circonflexe.*

L'office de l'*accent aigu* eſt de

marquer l'elevation des fyllabes,
celui du *grave* eft de marquer leur
abaiffement ou depreffion, & celui
du *circonflexe* leur elevation & leur
abaiffement fur une même fyllabe,
qui pour cet effet doit eftre longue
par nature : & c'eft la raifon pourquoi on ne le met jamais fur les
breves quand on en fait l'ufage legitime. Il eft vrai qu'il y a peu de
gens qui entendent cette doctrine
dans les langues vulgaires, & il faut
avoüer que dans la notre on abufe
extremement des accents. On s'en
fert à tout hazard en divers endroits, fans favoir le plus fouvent
ce qu'on fait ; & on les convertit
à des ufages fort differens de la fin
pour laquelle ils ont efté inventez.

On me dira (peut-être) que les
regles que je prétens en donner ici
ne font bonnes que pour le Grec
& pour le Latin : Mais je répons
qu'elles font univerfelles, & qu'elles s'etendent fur toutes les langues
du monde ; parce que par-tout où
il y a des fyllabes , elles ont une

quantité ; & par-tout où il y a des
dictions, elles ont un accent. J'a-
voüe que les Grecs ont esté les
gens du monde les plus exacts à
observer & à marquer ces accidens
inséparables de la parole ; que les
Latins les ont imitez en cela, quoi
que de loin : en quoi ces deux Nations savantes & ingenieuses sont
asseurément dignes de loüange.
Mais il ne faut pas inferer de-là
que les autres peuples n'ont point
de quantité ni d'accent dans leur
langage, parce qu'ils ont negligé
de faire ces remarques, & de les
réduire à des regles justes & di-
stinctes.

DV SIEGE DE L'ACCENT.

LE siege de l'accent est la syllabe sur laquelle on le pose, &
pour cet effet elle doit être la derniere syllabe d'un mot, la penultieme ou l'antepenultieme en re-
trogradant ; car la voix ne sauroit
s'elever

s'élever plus loin, à-moins qu'on prononçât les syllabes qui suivent, avec une extrême rapidité.

Le lieu de l'accent est une chose arbitraire dans toutes les langues, & chacune peut avoir en cela ses loix & ses maximes particulieres.

Quand les François parlent, ils poussent ordinairement la voix avec force, & l'élevent sur la derniere syllabe de leurs dictions, & surtout lors qu'elles sont terminées par des consones, quoi-qu'ils ne marquent pas toujours l'accent dans la parole écrite, comme je fais dans ces exemples, *autél, vertù, impôt, ragoût.*

Mais si les mots sont terminez par un (e) feminin, qui de sa nature est très-bref & très-debile, alors ils mettent l'accent sur la penultiéme, & laissent doucement aller la voix sur la derniere syllabe. Exem. *armée, porte, flâme, flûte, croûte.*

Nous élevons rarement la voix sur l'antepenultiéme; & quand cela nous arrive, nous l'élevons fort

doucement, parce que notre parler eſt ferme , & ne va point par
ſauts & par bonds , comme celui de
pluſieurs Nations : Ce qui a fait dire à quelques Grammairiens, que
l'accent ne ſe trouvoit jamais ſur
l'antepenultiéme dans aucun mot
François. Je croi pourtant qu'ils ſe
trompent , & qu'en pluſieurs dictions on le peut entendre ſur la
troiſiéme ſyllabe, plutôt que ſur la
derniere. Exemp. *Cóntenu, ſoûpirer,*
énlever , párvenir.

L'accent aigu peut occuper tous
les trois ſieges ; c'eſt-à-dire qu'on
le peut mettre ſelon l'occaſion, ſur
la derniere, ſur la penultiéme , ou
ſur l'antepenultiéme. Exemp. *bonté,*
trophée , cónvenir.

Le grave ne peut occuper que la
derniere ſyllabe quand elle eſt breve par nature, & qu'elle eſt le ſiege
de l'accent. Ex. *battù, dejà, où.*

Le circonflexe ne ſe peut mettre
legitimement que ſur la derniere
ſyllabe quand elle eſt longue par
nature, Ex. *affût , forêts, impôts.*

Il se met aussi sur la penultiéme quand elle est longue par nature, pourveu que la derniere soit breve. Exemp. *Pâte, bête, vîte, côte, flûte, croûte.*

Pour les mots d'une syllabe, comme l'accent ne s'y fait pas distinguer assez clairement, on peut dire en general, que si une syllabe est breve par nature, elle reçoit l'accent aigu, ou le grave ; mais si elle est longue, elle reçoit le circonflexe. Ex. un *pré, là, près, tôt, goût*, &c.

Je pourrois m'étendre davantage sur le chapitre des accens, si je ne croyois que ce que j'en ai déja dit, peut suffire pour en montrer le bon usage, & faire voir en même tems l'abus que nous en faisons dans notre langue.

Les Compositeurs des Imprimeries s'en servent ordinairement pour marquer la difference ou le retranchement de quelques letres; & de notre tems on s'est accoutumé à distinguer l'*é* masculin des autres (*e*) en le marquant d'un accent aigu : & cette coutume est generalement reçuë, bien qu'en mille endroits elle viole les loix de la Prosodie.

On peut legitimement mettre l'accent aigu sur (l'*é*) masculin quand il est dans la derniere syllabe d'un mot ; ou sur la penultiéme, lors qu'il est suivi d'un (*e*) feminin dans la derniere, comme on pourra voir dans ces exemples :

pié, beauté, parlér, aimé, venéz-çà, approchéz, chanteréz-vous ?

Sur la penultiéme, comme dans les exemples suivans, & autres semblables :

père, piége, sincére, matiére, armée, contrée, des *epées,* une coutume *anciéne,* &c.

On peut aussi mettre legitimement l'accent circonflexe sur la derniere syllabe quand elle est longue par nature, ou lors qu'il s'y fait quelque retranchement ou contraction. Exemp. *pâte* pour *paste, pân* pour *paon, oût* pour *aoust, affût* pour *affust,* &c.

On en peut faire autant sur la penultiéme quand elle est longue par nature, pourvû que la derniere soit terminée par un (*e*) *feminin,* par une (*s*) à son plurier, ou par (*n*) muets dans quelques personnes des verbes, qui ne changent point le siege de l'accent. Exemp.

âme, pâle, tête, gîte, côte, nous *crûmes,* vous *parlâtes,* ils *mênte-nt,* elles *sôngent,* des *tempêtes,* des *flûtes,* &c.

Mais hors de ces exemples, & autres semblables, on ne peut mettre des accens sur les syllabes sans violer les loix de la Prosodie, & sans tomber dans le blâme d'une ignorance grossiere dans le bon usage de l'accent.

Cependant tous nos livres sont pleins de fautes de cette nature, & les plus savans mêmes ne font point de scrupule de mettre indifferemment des accens sur la quatriéme, & jusques sur la cinquiéme syllabe, qui ne font jamais le siege de l'accent. Ce qu'on pourra voir dans

ces exemples, *étonnement*, *éclair-*
ciſſement.

Où il faut remarquer que l'accent
de ces deux mots eſt proprement
ſur les dernieres ſyllabes terminées
en (*ment*) où la voix s'éleve ; &
non-pas ſur la quatriéme ou cinquiéme, où elle ne peut jamais
s'élever.

On peut remarquer la même erreur dans les exemples ſuivans, &
autres ſemblables :

élargi, *état*, *réveil*, *aſſeurément*,
communément, *époux*.

Tous ces mots ont proprement
l'accent ſur la derniere ſyllabe, &
cependant on le marque ſur la penultiéme.

On dira (peut-être) que ce n'eſt
pas pour marquer l'élevation de la
voix ſur ces ſyllabes, que l'on y met
des accens ; mais ſeulement pour
diſtinguer (l'*é*) maſculin des autres
(*e*) J'avoüe que cela eſt veritable ;
mais il ne s'enſuit pas que ces accens ne ſoient mal poſéz, & qu'on
ne remedie au defaut de nos cara-

cteres par une faute beaucoup plus grossiere.

On pourroit facilement corriger ces vices, si on vouloit recevoir la distinction de nos (e) dans les quatre figures differentes que j'ai proposées dans mon Alphabet methodique ; & ainsi on pourroit écrire nettement ces mots , & autres semblables, sans transposer temerairement ces accens :

état, étonné, étonnement , éclaircissement.

On pourroit même distinguer tous les (e) dans de certains mots. Exemp. netteté, evêque, Persée, empechée, enterée, &c.

J'ai dit que l'accent circonflexe ne se met jamais que sur la derniere syllabe d'une diction , ou sur la penultiéme, quand elle est longue par nature, & la derniere breve.

Cette maxime est assurément fondée sur la raison, & appuiée du témoignage de tous les bons Auteurs : neanmoins rien n'est plus frequent dans nos livres que de

voir l'accent circonflexe fur l'ante-
pénultiéme , & quelquefois fur la
quatriéme: ce qu'on peut voir dans
ces exempler, *accoûtumé , accoû-
trement , foûbaffement ,* &c.
Il eſt vrai qu'on ne met cet accent
fur ces fyllabes, que pour marquer
le retranchement de la lettre *f:*
Mais quelle neceffité a-t-on de le
marquer? Et pourquoi abufer ainfi
des accens pour une chofe inutile,
qui ne fait que charger les lignes,
que renverfer les loix de la Profodie , & rendre l'hortographe plus
difficile ?

Si l'on veut favoir la raifon pourquoi on ne doit jamais mettre d'accent circonflexe au-de-là de la penultiéme, c'eſt que la voix ne peut
marquer plus de deux ou trois tems
dans fon élevation , & l'accent
circonflexe ne fe mettant jamais
que fur la derniere fyllabe quand
elle eſt longue, & qui n'a que deux
tems ; ou fur la penultiéme longue,
qui n'a auffi que deux tems ; Elle
s'éleve & s'abaiffe fur cette fylla-

be, & peut continuer son mouvement jusques sur la derniere, si elle
est breve, parce qu'elle n'a qu'un
tems ; & ainsi elle n'a qu'un mouvement d'élevation, & deux d'a-
baissement quand l'accent est sur
la penultiéme longue de sa nature.
Cela se fait aussi quand l'accent
aigu est sur l'antepenultiéme, où
la voix s'éleve, pour tomber ensui-
te sur les deux syllabes qui suivent,
imitant en cette occasion le mouvement des piéds metriques nom-
mez DACTYLES : ce qu'on peut
voir dans ces mots Latins,

Cónsciŭs, péctŏră, áltiŏr, &c.
C'est une maxime inviolable dans
la Prosodie, qu'une diction ne peut
avoir qu'un seul accent. Et la raison de cela est, que la voix ne se
peut élever que sur l'une des syllabes dont une diction est compo-
sée. C'est donc une faute grossiere
de marquer plus d'un accent sur
un même mot, quelque raison
qu'on puisse alleguer pour justifier
cet abus. Cependant rien n'est plus

commun dans notre orthographe nouvelle, que de mettre deux, trois & jusqu'à quatre accens fur une diction, comme on peut voir dans ces exemples : *généreux, défaccoûtumé, dégénéré*, &c.

Malgré ces raifons folides on ne laiffe pas de commettre toutes ces erreurs groffieres, & même on voit des Ecrivains & pretendus Reformateurs de l'Orthographe Françoife, qui ont crû avoir trouvé un rare fecret pour marquer la difference de (l'*e*) *mafculin*, du *feminin* & de l'*ouvert*, en les diftinguant par des accens. Ils en chargent fi groffierement les lignes, qu'ils les rendent defagreables à la vûe, & renverfent par-là, fans y prendre garde, les maximes les plus facrées de la Profodie.

Du *TON* & de l'*EMPHASE*.

CEtte matiere eft fort delicate: & bien que dans le difcours

vivant elle soit exactement prati-
quée par tous les gens d'esprit, elle
n'est gueres bien marquée dans
l'écriture.

Il est bien vrai que dans la pon-
ctuation on observe quelques figures, à savoir le point d'interrogation (?) celui d'admiration ou d'exclamation (!) & les points de reti-
cence (....) qui marquent dans
ces occasions la difference du Ton:
mais on n'a point encore poussé
cette matiere aussi loin qu'elle le
merite.

Les Grecs ont confondu le Ton
& l'accent sous le mot de τόνος,
bien que ces deux choses soient fort
differentes dans leur usage.

L'accent n'est qu'une élevation
de la voix toujours invariable dans
un même mot : mais le Ton &
l'Emphase sont proprement des inflexions de la voix sujettes à varier
selon les diverses passions & circonstances que l'on veut exprimer.
Ainsi l'on dit *un Ton fier, soûmis,
un Ton insolent, pitoyable,* &c.

Mais on ne dit pas cela de l'accent,
qui n'a pas la vertu de changer la
signification des termes, comme le
Ton.

Pour l'Emphase, elle n'est autre chose qu'un Ton remarquable
qu'on donne quelquefois aux letres, aux syllabes, aux mots & aux
sentences, dans une signification
extraordinaire. Ce qu'on pourra
observer dans ce peu d'exemples :

Est-ce vous qui me menacez ?
Oui, C'est moi. Qui vous ?
Oui C'est moi.
Le Dieu du ciel & de la terre est
le Dieu de nos peres, c'est le
Dieu que nous adorons, le Dieu
que nous servons, & le seul Dieu
enfin en qui nous mettons nostre
confiance.

On peut voir facilement que
l'Emphase est sur les mots que j'ai
marquez de Capitales : Mais on
pourra l'observer encore mieux
dans le mot de *Rome*, si l'on prend
la peine de lire ces beaux vers de
M. Corneille, où il fait parler Ca-
mille

mille dans les Horaces & Curiaces:

ROME *l'unique objet de mon res-*
sentiment ,
ROME *à qui vient ton bras d'im-*
moler mon Amant ;
ROME *qui t'a vû naitre , & que*
ton cœur adore ;
ROME *enfin que je hai parce qu'el-*
le t'honore , &c.

Le Ton & l'Emphase etant bien
observez, font comme l'ame du discours vivant : Mais parce que cette
matiere est plus du partage des
Orateurs que de celui des Gram-
maitiens, je me retranche à ce que
j'en ai déja dit.

DE

L'ANALOGIE.

Troisiéme partie de la Grammaire.

E mot d'Analogie se prend souvent pour le rapport ou convenance que les termes ont entre eux : mais ici je le prens dans un autre sens, & dis que

L'ANALOGIE ou REDUCTION est la troisiéme partie de la Grammaire, qui traite de tous les mots ou dictions d'une Langue, & montre à les ranger, selon leur signification, en de certaines classes qu'on appelle les Parties du Discours.

La plufpart des Grammairiens la nomment ETYMOLOGIE, prenant la partie pour le tout : car l'Etymologie n'est proprement que cette partie de l'Analogie qui traite de l'origine ou derivation des mots : mais celle-cy s'occupe à expliquer toutes les parties du difcours, qui font

LE NOM	L'ADVERBE
L'ARTICLE	LA PREPOSITION
LE PRONOM	LA CONJONCTION
LE VERBE	&
LE PARTICIPE	L'INTERJECTION.

De ces neuf Parties du Difcours les cinq premieres font declinables, & les quatre autres indeclinables.

Le Nom & le Verbe font les deux parties principales de l'Analogie, qui font le corps du difcours, & les autres n'en font que les dependances ou les accompagnemens. C'eft auffi pour cette raifon que Platon, premier Inventeur de la Grammaire, confondit d'abord ces dernieres fous le nom de Particules : mais les Philofophes qui aprês lui s'appliquerent à l'etude de cet Art, les diftribuerent en fuite en plufieurs claffes differentes.

DEFINITION
& division du Nom.

LE Nom eſt la premiere Partie du Diſcours, qui ſert à ſignifier les choſes ſans aucune circonſtance de tems ni de perſonnes.

Il ſe diviſe premierement

en { SUBSTANTIF & en ADJECTIF.

Le NOM Subſtantif eſt celui qui ſignifie les choſes qui ſubſiſtent d'elles-meſmes, ſans qu'il ſoit beſoin de rien ajoûter à ſa ſignification. Exemp. *le Soleil, la Lune, un homme, un arbre, &c.*

Le NOM Subſtantif ſe ſubdiviſe

en { PROPRE & en APPELLATIF.

LE NOM Propre eſt celui qui ne convient qu'aux choſes particulieres. Exemp. *Loüis, Marie, Paris, la Seine, les Alpes, &c.*

Le Nom Appellatif est celui qui convient à toutes les choses d'une même espece. Exemp. *homme, femme, ville, riviere, montagne, &c.*

Le Nom Adjectif est celui qui ne signifie rien tout seul, mais qui étant joint au Substantif, en exprime les qualitez & les circonstances. Exemp. *Loüis le Grand, un homme sage, une femme chaste, une ville celebre, une longue riviere, une haute montagne, &c.*

Il y a sept accidens ou circonstances qui accompagnent le Nom, à savoir

L'Espece	Le Cas
La Figure	La Declinaison
Le Genre	&
Le Nombre	La Comparaison

L'Espece est une circonstance du Nom, par laquelle on peut connoître s'il est primitif, ou s'il dérive d'un autre Nom.

Les Noms primitifs ou de la premiere espece, sont ceux qui dans notre langue ne derivent d'aucun autre. Exemp. *Ciel, Roi, Riche.*

Les Noms DERIVATIFS ou de la seconde espece, sont ceux qui descendent des primitifs. Exemp. *Celeste, Royauté, Richesse.*

Il y a plusieurs especes de Noms Primitifs, dont voici les principales.

Le Nom COLLECTIF qui signifie multitude dans le nombre singulier. Ex. *un bataillon, la Cour, une troupe, une douzaine, &c.*

Le DISTRIBUTIF, qui lui est opposé, & qui partage la multitude. Exemp. *chaque, deux-à-deux, par centaines, &c.*

Les Noms EQUIVOQUES qui signifient diverses choses sous un mesme terme. Exemp. *Un livre à lire, une livre pesant, un manche de couteau, la manche d'un habit, la Manche ou Canal de mer entre la France & l'Angleterre, Pierre nom d'homme, une pierre ou caillou, &c.*

Les SYNONIMES, dont deux ou

plufieurs ne fignifient à-peu-prés qu'une même chofe. Exemp.
Bref, court ; fort, robufte, puiffant; voye, chemin, route, &c.

Le Nom NUMERAL, qui fert à diftinguer les nombres, & fe divife

en $\begin{cases} \text{CARDINAL} \\ \quad\quad \text{\& en} \\ \text{ORDINAL} \end{cases}$

Le Nombre CARDINAL eft primitif de foi , & fait comme la fource des autres qui en derivent. Il fert à exprimer ou à joindre les unitez enfemble. Exemp. *un, deux, trois, dix, trente, cent, &c.*

L'ORDINAL en derive, & fert à montrer le rang de chaque nombre. Exemp. *Premier ou uniéme, fecond ou deuxiéme, troifiéme, quatriéme, &c.*

Les principaux Noms derivatifs font

Le VERBAL , qui defcend du verbe. Ex. *Preparation, chatiment, parleur, repentance , actif, crainte, facheux , brillant.*

Le DIMINUTIF, qui diminuë ou

amoindrit la signification de son primitif. Exemp. *Roitelet, fillette, Manon, un preau, un cottillon, aigrelet, &c.*

Le Nom de Nation, comme *François, Espagnol, Alleman, Italien, &c.*

Le Nom de Province, comme *Picard, Normand, Gascon, Provençal.*

Le nom de Patrie, ou du lieu de la naissance de chacun, comme *Parisien, Lionnois, Romain, Venitien.*

Le Nom de guerre, que les Soldats & les Valets prennent ordinairement, comme *La Roche, La Fleur, La Montagne, La Rose.*

Le SOBRIQUET qu'on donne par haine ou par derision, comme *Badaud de Paris, Frondeur, Papiste, Huguenot, Croquant,* & plusieurs autres dont le detail seroit ennuyant.

De la Figure des Noms.

LA FIGURE eſt une circonſtan-ce du Nom, par laquelle on connoît s'il eſt Simple, ou Com-poſé. Exemp. *Puiſſant, raiſonnable; impuiſſant, deraiſonnable.*

Du Genre des Noms.

LE GENRE eſt proprement ce qui marque la différence des Sexes.

Nous en avons trois dans notre Langue, à ſavoir

Le MASCULIN. Exemp. *homme, Roi, prudent.*

Le FEMININ. Exemp. *femme, Reine, prudente.*

Le COMMUN, qui ſert aux deux autres. Exemp. *enfant, amour, jeune, ſenſible, &c.*

Quoi-que naturellement le Gen-re ne ſignifie que la différence des ſexes; neammoins notre Langue, à l'exemple de la Latine, dont elle derive, etend cette idée jusque sur les choses inanimées, parmi lesquelles il n'y a ni mâle ni femelle; de-sorte que nous n'avons pas un seul nom qui ne soit du genre *masculin*, du *feminin* ou du *commun*.

Et parce que sans observer cette distinction l'on ne sauroit parler regulierement, & que c'est ici le lieu de traiter cette matiere; j'en donnerai les regles les plus necessaires & les plus faciles, sans passer (s'il se peut) dans un détail inutile & ennuyant.

REGLES GENERALES
pour connoistre le Genre des Noms.

PREMIERE REGLE.

DES NOMS MASCULINS.

1. TOut nom qui ne convient qu'à l'homme, ou à ce qui est fait à la ressemblance du mâle,

est du genre masculin. Exemp.
Loüis, Jupiter, un lion, un cheval,
le Taureau celeste, &c.

2. Les noms des arbres sont generalement du genre masculin. Ex.
un chêne, un cyprês, &c.
Exceptez de cette regle les noms
suivans, qui sont feminins :
La vigne, la ronce, l'epine, l'Yeuse,
l'Ebene, la Palme.

Mais on dit un *Palmier* au masculin.

3. Les noms des jours, des mois
& des saisons sont du genre masculin, excepté l'*Automne* qui est du
feminin.

4. Tous les Infinitifs des verbes, & quelques Participes qui
prennent la forme des Noms Substantifs, sont du genre *masculin.*
Ex. *Le boire, le manger, un pen-
chant, un reçû, &c.*

5. Les noms des voyelles & des
consones suivantes sont du genre
masculin.

a e ε i e o eu ou u
b c d g κ p t x z.

6. Les noms terminez par les letres suivantes, sont du genre *masculin*,

a b c d f g i k l p q r u z m

Exceptez de cette regle les Noms feminins qui suivent,

une part	*merci*	*la paix*
la dent	*nef*	*onix*
la forest	*clef*	*croix.*
la hart	*soif*	*noix*
la mort	*bru*	*voix*
la nuit	*tribu*	*poix*
la jument	*vertu*	*perdrix*
une souri	*glu*	*queux*
une grosse gagui	*eau*	*toux*
une guigui	*peau*	*chaux*
une fourmi	*une main*	*faulx*

Ajoûtez *faim, Ierusalem,* & quelques autres noms Hebreux.

7. Les Noms terminez par les syllabes suivantes, sont du genre masculin :

ail

un bail	du fer	un Roi
un canal	un vers	le poil
uu bain	de l'acier	le ſoir
un an	un procês	un témoin
de l'air	du lin	du bois
un ais	du cuir	du fenoüil
un faix	du ris	un four
un tas	ſeul	ſecours
du ſtorax	écueüil	Iuin
le ſoleil	un creus	du cuir
Paſtel	un gueux	un puis
examen	Caſtor	des lis
un lien	un os	un devis

Exceptez les Noms ſuivans, qui ſont du genre feminin.

la glan	une brebis	la Cour
la main	la foi	une tour
la culier	la loi	des mœurs
la mer	la chair	innocentes
da fin	une fois	une vis

8. Les Noms terminez en *on* ſont generalement du genre maſculin. Exemp. *un garçon, un baſtion, un bâton, &c.*

Mais cette regle a beaucou d'exceptions : car les Noms en op

& en *ion*, qui derivent des mots Latins en *io*, ou qui les imitent, font prefque tous du genre feminin. Exemp. *façon, rançon, prifon, liaifon, action, abolition, raifon, &c.*

9. Les Noms Subftantifs qui ont les terminaifons fuivantes, font generalement du genre mafculin.

âge	*deluge*	*difme*
cortege	*miracle*	*carême*
prodige	*plâtre*	*heaume*
		tôme

Exceptez ceux-ci, qui font du genre feminin :

cage	*ambages*	*neige*
curage	*faxifrage*	*tige*
rage	*pâge de*	*crême*
image	*livre.*	*paume*

10. Certains Noms Adjectifs, & quelques Adverbes prenant la forme des Noms Subftantifs, font du genre mafculin. Exemp.

le chaud	*le devant*
le froid	*le derriere*
le haut	*le deffus*
le bas	*le deffous, &c.*

11. Les Noms verbaux terminez en *eur*, qui fignifient l'*agent*, font du genre mafculin, & font pour la plûpart leur feminin en *eufe*. Ex. *Parleur, parleufe; menteur, menteufe, &c.*

Mais prefque tous ceux qui font terminez en *teur*, & qui derivent des Noms Latins en *tor*, forment leur feminin en *trice*. Ex.

amateur	*amatrice*
executeur	*executrice*
Empereur	*Imperatrice*

12. La plûpart des Noms terminez par un (e) feminin, qui derivent des mots Latins eftant en cette Langue du genre mafculin ou du genre neutre, font du genre mafculin en François. Exemp.

axe	*Prologue*
eloge	*Temple*
Pole	*Trophée, &c.*

Mais cette Regle a beaucoup d'exceptions.

II.

DES NOMS FEMININS.

1. TOut Nom qui ne convient qu'à la femme, ou qui est fait à la ressemblance de la femelle, est du genre feminin. Ex. *Marie, biche, jument, Iunon, Venus, la Canicule.*

2. Les Noms des vertus sont du genre feminin. Exemp. *la Iustice, la Foi, la Chárité.*

3. Les Noms des letres suivantes sont feminins, & l'on dit une *f h l m n r s.*

4. Les Noms terminez en *ée, ie* & *üe*, sont generalement feminins. Exemp. *une armée, une oublie, une rue, &c.*

Exceptez de cette regle plusieurs Noms terminez en (*ée*) qui derivent de quelques mots Latins en (*eus*) ou en (*eum.*) Exemp. *un Trochœe*, pié metrique, *un Trophée, &c.*
Comme aussi quelques mots en *ie.*

Exemp. *le Messie*, un *Genie*, un
pavie fruit, un *parie* ou gageure,
&c.

5. Les Noms terminez en *té*,
ance, *ence*, *eur*, *on* & *ion*, qui derivent de certains mots Latins en
tas, *antia*, *entia*, *or*, *io*, & autres
semblables, ou qui les imitent,
font du genre feminin. Exemp.

libertas	*liberté*
ignorantia	*ignorance*
prudentia	*prudence*
candor	*candeur*
factio	*façon*
ratio	*raison*
actio	*action*
confideratio	*confideration*
ufance,	*dépenfe* ;
lenteur,	*douceur* ;

confrontation de témoins.

Exceptez *filence*, qui eft du genre
mafculin.

6. Les Noms terminez comme
les mots fuivans, font generalement du genre feminin :

franchise	patte	bile
surprise	pâte	ville
chasse	mine	pipe
race	farine	nipe
toise	couronne	soupe
noise	personne	troupe
presse	fortune	peine
paresse	rancune	veine
piece	injure	plaine
boutade	imposture	migraine
serenade	cruche	plante
cavalcade	huche	tante
solitude	meche	fente
etude	breche	tente
citroüille	caille	pinte
quenoüille	bataille	absinte, &c.

III.

DES NOMS
DV GENRE COMMVN.

LEs Noms communs sont ceux qui sous une même terminaison servent dans l'un & dans l'autre genre. Exemp. *un enfant & une enfant, un Ianseniste & une Ianseniste, un athée & une athée, un*

Arabe & *une Arabe.* Tous ces Noms & autres femblables fe difent de l'homme & de la femme. On dit auffi *le minuit* & *la minuit,* & quelques-uns font *navire* du genre commun, bien que generalement ce mot foit mafculin. Mais il y a peu de Noms Subftantifs du genre commun.

2. Quelques Noms terminez par un (*e*) feminin, varient leur genre felon leurs diverfes fignifications. Exemp. *un livre* à lire, *une livre* pefant, *une livre* tournois; un *manche* de couteau, une *manche* d'habit, *la Manche* ou Canal de mer entre la France & l'Angleterre; *un memoire* ou memorial, *la memoire* ou fouvenir, &c.

2. Tous les Noms Adjectifs terminez par un (*e*) feminin dans le genre mafculin, font communs aux deux genres : & cette regle n'a point d'exception. Ex. *un amant volage*, *une fille volage, aimable, fenfible, perfide, &c.*

4. Les Noms numeraux du

G iiij

nombre pluriel ſont tous du genre commun : & l'on dit *deux, trois, dix, vingt, trente, cent, mille, cent mille hommes* ou *femmes.* Mais le premier nombre cardinal (*un*) reçoit une difference de genre : & l'on dit *un homme & une femme, une ville & un village, &c.*

Mais quelques Noms numeraux qui ſont collectifs ou diſtributifs, ſont exceptez de cette regle. Ex. *une dixaine, douzaine, demi-douzaine, vingtaine, trentaine, centaine, &c.*

On dit auſſi *un cent, un millier, un million, la moitié, un tiers, un quart, un dixiéme* ou *la dixiéme partie, &c.*

Au reſte, le genre des Noms qui ne tombent point dans ces regles, s'apprend mieux par l'uſage, ou dans les Dictionaires, que par tous les preceptes que l'on voudroit entreprendre d'en donner.

DU NOMBRE.

LE NOMBRE eſt un accident ou circonſtance du Nom & des autres parties declinables du diſcours, qui montre en cet égard la difference qu'il y a entre une & pluſieurs choſes.

Il ſe diviſe

en { SINGULIER & en PLURIER.

Le Singulier ſe dit d'une ſeule choſe. Exemp. *un homme, une femme, le Ciel, &c.*

Le Plurier ſe dit de deux, ou de pluſieurs choſes ſingulieres. Ex. *deux, trois, cent mille hommes* ou *femmes, les Cieux.*

Le Nombre Plurier ſe forme en notre Langue en ajoutant la letre (s) au Nombre Singulier. Ex. *un garçon, une fille, deux, trois, mille garçons, ou mille filles, &c.*

Mais les Noms Singuliers terminez par l'une de ces trois letres

ſ, *x*, *z*, n'ajoutent rien à leur terminaiſon dans le Nombre Plurier.
Ex. *le bras*   les bras
une brebis   deux brebis
une faulx   trois faulx
une noix   des noix
un nez   deux nez, &c.

La letre (*x*) & la letre (*z*) uſurpent ſouvent dans notre orthographe la place de la letre (s) dans les
Noms Singuliers & dans les Plu-
riers, dans les Subſtantifs & dans
les Adjectifs, dans les Pronoms &
dans les Verbes. Ex. de la *chaux*,
un *choix*, les *cieux*, de belles
qualitez, un homme *genereux*,
des hommes *genereux*, de *beaux*
arbres; Je parle pour *eux*. Nous
aimons *ceux* qui nous aiment.
Vous *parlez* poliment; Vous *chan-
tez* bien, &c.

Mais pluſieurs Ecrivains habiles
commencent à rejetter l'*x* & le *z*
de ces dictions, & ne les retiennent
que dans les endroits où ces letres
ſont neceſſaires, pour eviter les
equivoques ou pour marquer l'ety-

mologie. Ex. *la paix*, *la voix*, *de la poix*, *une croix*, *&c.*

Ceux qui écrivent *prês*, *après*, *exprês*, *fuccês*, *accês*, *excês*, *progrês*, avec *ez* ou *és*, commettent une grande erreur, en ce qu'ils écrivent ces mots comme s'ils avoient un (*é*) mafculin dans leur derniere fyllabe, au-lieu que cet (*e*) eft ouvert, & qu'êtant long de fa nature, il doit être marqué d'un accent circonflexe & fuivi de la letre (s) parce que le (z) ne fe met jamais dans ces terminaifons, qu'après un (e) mafculin.

Le mauvais ufage qu'on fait des letres *x* & *z* caufe beaucoup d'embarras dans l'écriture, où il s'eft introduit par l'ignorance des fiecles paffez.

La plufpart des Noms Singuliers terminez en *al* forment leur Pluriel en *aux*. Ex. mal *maux*, canal *canaux*, general *generaux*, *&c.*

Mais *bal*, *naval*, & quelques autres Noms, font leur Plurier en *als*.

Il y a des Articles & des Pronoms qui forment leur Plurier d'une maniere irreguliere, comme *la main* les mains, *de luy d'eux, je nous*, &c. Ce qu'on pourra voir plus clairement dans la declinaison de ces parties du discours.

Nous avons déjà dit, que depuis que nostre prononciation s'estoit adoucie, on avoit rejetté de l'ecriture plusieurs letres qu'on ne prononce plus à-cause de leur rudesse; mais qu'il y en a de finales qui quelquefois se prononcent, & d'autres fois sont supprimées en parlant, quoi-qu'elles soient toujours ecrites. Cela paroît principalement dans la suppression de la letre (s) quand elle termine un mot. Car parce qu'elle rendoit le langage dur & sifflant, & qu'elle est fort frequente, on a mieux aimé la rejetter du Plurier, & laisser de l'obscurité dans les Nombres, dont elle fait le plus souvent la distinction, que souffrir le sifflement qu'elle fait, qui est sans doute fort desagreable

agreable aux oreilles delicates.

Mais quoi-qu'en parlant on ne prononce que rarement cette letre à la fin des mots & au Plurier des Noms, on ne laiſſe pas de diſtinguer ce nombre du Singulier par d'autres moyens que par la prononciation de la letre (s)

Cela ſe fait premierement par la quantité de la derniere ſyllabe, qui eſt ordinairement plus longue dans le Plurier que dans le Singulier, pourveu qu'elle ne ſoit pas formée par un (e) feminin, qui n'altere jamais ſa quantité & qui eſt toûjours très-bref.

La difference de cette derniere ſyllabe paroît fort ſenſiblement dans les deux nombres, ſi les mots ſont terminez par un (t) au Singulier. Exemp. *un plat,* des plâts: *un mouſquet,* trois mouſquêts : *un lit,* deux lîts : *un pot de vin,* dix pôts de vin : *un lut,* quatre lûts : *un bout,* un baton à deux bouts : *un os,* des ôs : *un gros garçon,* deux grôs garçons, &c.

H

Le Pluriel ſe diſtingue auſſi par les articles & autres particules qui vont devant. Ex. le Roi, *lês Rois:* un gan, *dês gans:* ce Prince, *cês Princes:* mês, tês, ſês, *mains.*
Par diverſes perſonnes des verbes: & enfin par le ſens du diſcours, quand les autres moyens manquent.

DES CAS OU CHUTES du Nom.

LE Cas eſt proprement une chûte du Nom, ou l'un de ſes accidens qui ſert à le diſtinguer ſelon ſes diverſes inflexions & ſes manieres diſtinctes de ſignifier.

Nous n'avons proprement point de cas dans notre Langue ; mais nous avons emprunté ce terme des Latins qui ont appellé *caſus à cadendo* certaines chûtes du Nom, marquées dans leur Langue par des terminaiſons diſtinctes auſquelles ils attachoient une ſignification differente de la premiere. Exemp.

Pater	*Dominus*
Patris	*Domini*

Patri	*Domino*
Patrem	*Dominum*
Patre, &c.	*Domino*, &c.

Et quoi-que notre Langue derive principalement de la Latine ; neanmoins elle ne l'a point imitée dans ces differentes terminaifons du Nom, mais a tiré des Allemans cette miferable maniere d'ufer de certains articles ou particules prepofitives pour la diftinction des cas dont elle fe fert aujourd'hui, de-même que fes deux fœurs, la Langue Italienne & l'Efpagnole.

Cependant comme nous avons appris la Grammaire des Latins, nous avons efté contraints d'emprunter leurs termes, & de fuivre leur methode en plufieurs chofes, quoi-qu'elle ne foit guere conforme en bien des endroits, au genie & à la conftitution de notre Langue.

Les cas pourroient être en plus grand nombre qu'ils ne font, fi on avoit inventé autant de terminaifons differentes, que le Nom a de

manieres de fignifier ; mais on s'eft
contenté d'en établir fix, qui fervent également au nombre Singulier & au Plurier dans le même ordre & dans la même fignification,
à la diftinction du nombre prês.

Ces fix cas font

1. *Le Nominatif,* ou *cas direct*
qui fe met devant le Verbe, & qui
rep_refente fimplement l'etat de la
chofe, & l'agent qui produit l'a-
ction fignifiée par le Verbe. Ex.
Dieu eft mifericordieux.
Le Roi aime fon peuple.
La vertu porte fa recompenfe avec
elle.
Loüis eft un grand Monarque.
Marie aime fon fils, &c.

2. *Le Genitif* ou *poffeffif,* qui
fignifie poffeffion ou appartenance,
c'eft-à-dire, à qui, ou de qui eft la
chofe dont on parle. Exemp.
La puiffance *de Dieu.*
L'autorité *du Roi.*
La vertu *de la Reine.*
La beauté *des fleurs.*
Un plaifir *de Roi,* &c.

3. *Le Datif*, ou cas d'attribu-
tion, c'est-à-dire le cas qui marque
le terme où tend, ou auquel une
action se termine. Exemp.
Donner gloire *à Dieu.*
Parler *au Roy.*
Aller *à Rome.*
Prêcher la penitence *aux pecheurs.*

4. *L'Accusatif*, qui signifie le
sujet où passe immediatement l'a-
ction signifiée par le Verbe. Ex.
Dieu aime *les hommes.*
Le Roi gouverne bien *ses Sujets.*
Vous *me* fâchez.
Je *vous* honore.
Il aime *la paix*, &c.

5. *Le Vocatif*, ou cas d'appel-
ler. Exemp.
Antoine, venez-çà.
Marie, allez prier Dieu.
Messieurs, ecoutez-moi, &c.

Les Grammairiens par une erreur
assez grossiere mettent devant ce
cas l'Adverbe d'admiration ou
d'exclamation (ô) qu'ils croyent en
être la marque, parce que dans la
Langue Latine cét Adverbe est

quelquefois conſtruit avec le Vocatif. Ex. *ô Paule*. Mais cela signifie un mouvement particulier de
l'ame; comme quand on dit, *ô Deum
immortalem* dans l'Accuſatif, &
non-pas un ſimple cas d'appeller.

L'Ablatif, ou cas de ſeparation,
qui ſignifie auſſi fort ſouvent la
cauſe efficiente ou inſtrumentale.
Exemp. Je viens *de Paris*.
Il s'éloigne *de nous*.
Il eſt tombé *du haut* du toit.
Nous venons *de la ville*.
Il eſt mort *de maladie*.
On l'a tué *d'un coup* d'épée.
Il ſoufre *par ſa propre faute*.
Elle a fait cela *de bonne grace*.
Ce criſtal eſt apporté *des Indes*, &c.

On verra plus ſenſiblement la
difference des cas dans la declinaiſon des Noms, qu'on ne la peut
voir ailleurs.

Au reſte, les cas ſe diviſent

en { DIRECTES
& en
OBLIQUES.

Les cas directes ſont ſeulement

les Nominatifs de l'un & de l'autre Nombre, & tous les autres cas
font obliques ou indirectes.

Il faut obferver que dans notre
Langue le Nominatif & l'Accufatif n'ont point de marque diftincte
par où on les puiffe demêler l'un
de l'autre, & l'on ne peut connoître la difference de ces deux cas
que par le fens. Il en eft de-même
du Genitif & de l'Ablatif : ce qui
fait voir que notre declinaifon eft
fort defectueufe.

Tous les Accufatifs diftincts de
leurs Nominatifs, que nous avons
dans notre Langue , fe trouvent
dans quelques Pronoms perfonels.
Exemp. Je *me*. tu *te*. il *le, la, les*.
foi *fe*.

DE LA DECLINAISON
des Noms.

L A Declinaifon des Noms eft la
maniere de les fléchir par leurs
divers cas ou chûtes obliques.

Nous n'avons proprement point
de Declinaifons en François, par la

raiſon que nous avons alleguée, que nous n'avons point de cas diſtinguez les uns des autres par des terminaiſons differentes. Mais nous avons emprunté ce terme des Latins, qui diſent *declinatio à declinando*; & au-lieu de diverſes terminaiſons dans les cas, nous les diſtinguons par des particules prepoſitives, qu'on appelle Articles, qu'il ſera neceſſaire d'expliquer avant que de s'engager dans la Declinaiſon des Noms.

DE L'ARTICLE.

LEs Articles ſont proprement des particules prepoſitives dont on ſe ſert pour diſtinguer les cas du Nom, ſelon ſes diverſes ſignifications.

Nos Grammairiens, & autres faiſeurs de remarques, font un grand bruit, dont ils entêtent tout le monde, ſur le chapitre de l'Article qu'ils diviſent en *defini* & en *indefini*, ſans guere bien entendre eux-mêmes ce qu'ils veulent dire par cette diſtinction. Les particu-les qu'ils appellent Articles, ne ſont proprement que des Prepoſitions qu'on met le plus ſouvent devant les Noms, & quelquefois devant les Pronoms, l'Infinitif des Verbes, & devant de certains Adverbes de tems, ou de lieu. Or ces Articles ſont *definis* ou *indefinis*, ſelon que leur ſignification jointe avec le Nom, eſt determinée ou indeter-minée, & non-pas ſelon la figure & le nombre des letres qui les re-preſentent. On dit que les parti-cules *de* & *à* ſont des Articles in-definis, & que *le*, *la*, *les*, & leurs cas obliques, ſont definis : mais je ferai voir par des preuves incon-teſtables, que cela n'eſt vrai qu'en partie, & que tous ces Articles ſont quelquesfois *definis*, & d'autres fois *indefinis*, ſelon la differente ſignifi-cation des mots avec leſquels ils ſont conſtruits.

Par exemple, l'Article ou Pre-poſition (*de*) eſt definie quand elle

eſt jointe à un Nom propre. Ex.
La gloire *de Loüis* eſt grande.
Je parle *de Ceſar* & *d'Alexandre.*
    Mais ſi je dis,
C'eſt un plaiſir *de Roi* ;
La vanité *de l homme* eſt extrême;
(voulant dire de tous les hommes
en general)
Les charmes *de la vertù* ſont plus
grands que les attraits *du vice* ;
alors cette Prepoſition *de* ſe dit de
choſes indeterminées.

    On en peut dire autant de l'ar-
ticle *à* , qui eſt auſſi *defini* ou *indefini* , ſelon la ſignification des
termes auſquels il eſt joint Ex.
J'ai dit *à Loüys* , que ſa gloire ſeroit eternelle.
On parle *à vous* , & non *à voſtre
frere.*
Nous avons parlé de vous *à Marie.*
Dans ces exemples l'Article (*à*) eſt
defini ; mais il eſt vague & indéfini
dans ceux qui ſuivent :
Ne dites rien *à perſonne.*
Je n'en parlerai *à creature vivante.*

Il faut donner quelques momens *à la joye & à l'amour*, &c.

Outre les Articles ou Prepofi-tions *de*, *à*, *le*, *la*, *du*, *au*, *les*, *des*, *aux*, on fe fert fouvent dans la declinaifon des Prepofitions *par*, *avec*, *en*, *fur*, *fous*, & quelques autres que dans ces occafions on pourroit nommer Articles, auffi-bien que les Particules aufquelles on a donné ce nom.

Le Nom numeral *un*, & fon fe-minin *une*, fervent auffi fort fou-vent d'articles dans la declinaifon des Noms, de-même que leur Plu-rier *des*, qui n'eft pas toûjours la marque du Genitif & de l'Ablatif, puis qu'on le trouve fort fouvent au Nominatif & à l'Accufatif. Ex. Il y a *des* gens fort incredules. Donnez-moi *des* Louys d'or pour mon argent, &c.

L'Article *un* & *une* avec leur Plu-riel *des*, fervent ordinairement à fignifier les fubftances individuel-les. Ex. Il n'y a pas *un homme* au monde qui ne peche devant Dieu.

Un Roy est une personne sacrée.

Un jour nous saurons la verité de cette avanture.

Une femme chaste est un grand tresor.

I'ai une pensée assez plaisante touchant cette personne.

Il y a *des hommes* plus criminels que les autres.

On voit par-tout *des personnes* raisonnables.

Avez-vous *des femmes bienfaites* dans vostre Ville?

Nous avons reçû *des nouvelles assurées* de la defaite des Ennemis à Mont-Cassel, où Monsieur a remporté une victoire avantageuse à la France.

Les cas obliques de tous les Articles sont quelquefois *definis*, & d'autres fois *indefinis*, selon la signification des termes ausquels ils sont joints : ce qui fait voir clairement que la distinction des Grammairiens est fort incertaine, & qu'ils ont mal-entendu le veritable usage de ces particules. Voici des exemples

exemples qui éclairciront encore cette matiere.

La grandeur *de Dieu*.

La puiffance *du Roi*.

L'amour *de ma patrie* me follicite fans ceffe d'expofer ma vie pour la conferver.

On a parlé de voftre affaire *au Roi* de France, & *au Prince* de Condé.

Nous venons *de Rome*.

Il revient *du Palais Royal*, où Monfieur le frere *du Roi* tient fa Cour.

Ils font fortis *de la ville de Paris* fans être apperçûs de leurs ennemis.

Il nous a fait la defcription *du Pe-rou*, *du Potofi*, & *de toute l'Ame-rique Meridionale*.

Les grands lacs qu'on a découverts dans les montagnes *de la Lune* en Afrique, venant à déborder, cau-fent par les grandes pluyes les de-bordemens *du Nil*.

On a parlé de cette affaire *aux amis* de Monfieur.

Nous avons fait la defcription *des Pyrenées*, &c.

Par ces exemples, & autres semblables, il est aisé de voir que les articles ont souvent une signification determinée selon le sens des termes aufquels ils font joints.

Mais les mefmes articles ont auffi une signification indeterminée en d'autres rencontres : ce que nous ferons voir par les exemples qui fuivent :

L'homme est un animal raifonnable.

La femme a esté creée pour l'aide de l homme.

Les hommes font fujets à plufieurs infirmitez.

Les femmes font plus credules que les hommes.

La vertu est toujours aimable.

La temperance est la nourrice *des vertus.*

Il y a *du remede* à fon mal.

J'ai *du vin* dans ma cave.

Donnez-moi *du pain* & *du fruit.*

On mange *de la viande* en Charnage, & *du poiffon* en Carême.

Il a *de la peine* à fe refoudre,

Il ne faut parler *des Princes* qu'a-
vec respect.

Il entend parfaitement la culture
des jardins.

La fortune est le plus souvent contraire *aux gens de bien*.

Il faut parler civilement *aux Dames*.

On pourroit prouver par un
nombre infini de tels exemples, que
les articles ne font *definis* ou *indefinis* que selon la signification des
termes ausquels ils font attachez :
ce qui paroîtra clairement dans la
declinaison des Noms.

Avant que finir ce Chapitre des
Articles, j'avertis le Lecteur de
remarquer que ceux qu'on appelle
indefinis, à sçavoir *de* & *à*, font de
tout genre & de tout nombre ; &
que les autres, à sçavoir *un*, *une*, &
leur Plurier *des* ; *le*, *la*, *les*, & leurs
cas obliques, admettent une difference de genre & de nombre.

Il faut aussi remarquer qu'on met
presque toujours l'article (*de*) devant les Adjectifs, soit au masculin,

ou au feminin ; au Singulier, ou au
Plurier. Exemp.

Il n'est point de bonheur dans ce
monde *sans chagrin.*

*On n'y goûte jamais de veritables
plaisirs.*

Nous n'avons proprement qu'une
maniere de decliner les Noms : ce
qui se fait à l'aide des articles, ou
particules prepositives. Il y a neanmoins quelque difference à l'egard
des genres, de la signification des
termes, & à l'egard des mots qui
commencent par des consones, ou
par des voyelles.

Je commenceray par la declinaison des Noms propres qui, à
mon opinion, ont été inventez les
premiers selon l'ordre naturel.

Les Noms propres sont des noms
d'hommes, de femmes, de villes,
de Royaumes, de fleuves, de montagnes, ou d'autres lieux particu-
liers. Il y en a du nombre Singulier & du Pluriel dans l'un & dans
l'autre genre.

Les Noms propres des hommes

& des femmes se divisent à la maniere des Chretiens

en {
N o m *de Bateme*
& en
S u r n o m.

Le Nom de Batême est celui
qu'on donne aux enfans quand on
les batise. Exemp.

Louïs *Marie*
Antoine *Anne , &c.*

Il y en a du genre feminin qui
derivent des Noms masculins :

Louïs *Louïse*
Jean *Ianne*
Antoine *Antoinette*
Jacques *Iacquette* ou *Iacqueline*
Laurent *Laurence*
Denis *Denise , &c.*

Quelques-uns de ces Noms derivez sont diminutifs, comme.

Louïset *Louïson*
Janot *Ianette*
Toinon *Toinette*
Colin Nicolas
Pierrot *pour* Pierre
Manon Marie
Suson Susanne

L iij

Nanon
Nanette   *pour* { Anne, &c.

Le Surnom eſt celui que portent
en commun tous ceux d'une Famille, & qui ne varie jamais dans
ſa terminaiſon. Exemp.

Monſieur *Colbert*
Madame *Colbert*
Monſieur *Le Coq*
Madame *Le Coq, &c.*

Neanmoins dans quelques-unes
de nos Provinces Meridionales on
donne (à l'égard des femmes) une
terminaiſon feminine aux Surnoms,
comme

Guiran   *Guirane*
Frontin   *Frontine*
Fermat   *Fermade, &c.*
Mais ce ſont des Gaſconiſmes.

La plûpart des Gentilshommes,
& des Gens de qualité, portent le
nom de leurs Terres ou Seigneu-
ries avec les prepoſitions *de, du,
de la, ou des,* comme
Monſieur *de Miremont, de Car-
man, du Bordage, de la Motte, des
Preaux, &c.*

On pourroit faire pluſieurs remarques ſur l'uſage des Noms propres ; mais le détail en ſeroit trop
long : c'eſt pourquoi je paſſerai à
leur declinaiſon.

DECLINAISON
des Noms propres.

LEs Noms propres des hommes,
des femmes, des villes, bourgs
& villages ſe declinent generalement en la maniere ſuivante ; où il
faut remarquer que ſi ces Noms
ſont du nombre Singulier, ils n'ont
point de Pluriel ; & s'ils ſont du
Pluriel, ils n'ont point de Singulier.

Nominatif
Accuſatif
    &   } Louïs
Vocatif
Genitif   de Louïs
Datif   à Louïs
Ablatif   de Louïs

Declinez de cette maniere *Char-
les, Iean, Colbert, Paris, Poiſſi,
Meaux, &c.*

Mais si ces Noms propres commencent par une voyelle, alors on elide (l'e) feminin de l'article (de). Exemp.

> Antoine
> d'Antoine
> à Antoine, &c.

Declinez ainsi *Anvers*, *Estampe*, *Ivri*, *Ostende*, &c.

NOMS DE FEMMES.

Nominatif Accusatif & Vocatif	} Marie
Genitif	de Marie
Datif	à Marie
Ablatif	de Marie

Declinez de cette maniere, *Ianne*, *Louise*, *Manon*, *Rome*, *Versailles*, &c.

Mais si ces Noms commencent par une voyelle, il les faut decliner comme

> Isabeau
> d'Isabeau
> à Isabeau, &c.

Il y a des Noms propres d'hom-

mes, de femmes, & de certains
lieux qui se declinent avec l'article
defini. Exemp.

le Vasseur
du Vasseur
au Vasseur

la Motte
de la Motte
à la Motte, &c.

le Mans
du Mans
au Mans

la Rochelle
de la Rochelle
à la Rochelle

le Mesnil
la Tremblée
le Louvre
les Tuileries, &c.

Le Nom du Monde & de ses
quatre parties, celui du Ciel, de la
Terre, de la Mer, des Royaumes,
des Provinces, des Fleuves, des Ri-
vieres & des Montagnes, se declinent generalement avec l'Article

defini dans l'un & dans l'autre genre. Exemp.

Nominatif	
&	le Danemarc
Accusatif	
Genitif	du Danemarc
Datif	au Danemarc
Vocatif	Danemarc
Ablatif	du Danemarc

Declinez ainsi *le Perou*, *le Bresil*, *le Nil*, *le Caucase*, &c.

Mais dans ceux qui commencent par une voyelle, on elide l'*e* & l'*à* des Articles. Exemp.

l'*Aragon*
de l'*Aragon*
à l'*Aragon*, &c.

Declinez ainsi *l'Indoustan*, *l'Artois*, *l'Euphrates*, *l'Avexon*, *l'Appennin*, &c.

la *France*
de la *France*
à la *France*, &c.

l'*Espagne*
de l'*Espagne*
à l'*Espagne*, &c.

Declinez ainsi, *la Suede*, *la Po-*
logne, *l'Allemagne*, *la Seine*, *l'Oi-*
se, *&c.*

Il y a des Noms propres, auſſi-
bien que des appellatifs, qui ne ſe
trouvent qu'au Pluriel. Ex.

> *les Pyrenées*
> *les Dardanelles*
> *les Indes*
> *les Alpes*
> *les Ardents*
> *les Ormeaux*, &c.

Il y a des Princes & des Grands
Seigneurs qui n'ont point de ſur-
nom que celui de leur principale
Terre ou Seigneurie. Exemp.

Louïs de Bourbon.

Philippes de Valois.

Anne de Montmorenci, &c,

On donne quelquefois des noms
aux perſonnes fameuſes, comme
une marque d'honneur & d'excel-
lence; & alors on met l'Article defini devant, comme

Alexandre le Grand.

Charles-le Sage.

Louïs le Iuſte, &c.

Mais on dit *Charlemagne, Charle-quint, Henriquatre.*

On en donne aussi aux Femmes illustres, comme

Ieanne la Pucelle.

Urgande la Deconnuë.

Mais on en donne plus ordinairement à des personnes qui ne sont pas d'une reputation si étenduë, comme

> *la Maniveau*
> *la Montespan*
> *la Manchini &c.*

Les personnes de qualité reçoivent souvent sur les Fonts divers Noms de Batême, quand elles ont plusieurs parrains ou marraines. Ex.

Iean-Iacques, Pierre-Louis.

Anne-Marie-Terese, &c.

Quoi-que les Noms propres n'ayent generalement point de Pluriel, on ne laisse pas de les trouver quelquefois dans ce nombre : mais alors ils signifient les diverses personnes d'une même famille, d'un même nom ou d'une même secte ou parti, qui sont illustres ou infa-
mes

mes par leurs vertus ou par leurs
vices, comme

*Les Bourbons, les Valois, les Ale-
xandres, les Cesars, les Ianseniſtes,
les Huguenots, les Frondeurs, les
Nerons, les Helenes, les Lucre-
ces, &c.*

Il faut encore remarquer, avant
que finir ce Chapitre, qu'on doit
toujours ecrire en Capitale la premiere letre des Noms propres,
comme auſſi celle des vertus, des
vers, des ſentences & des periodes.

DECLINAISON
des Noms Appellatifs.

POur donner plus de jour à la
declinaiſon des Noms Appellatifs, & la rendre plus facile, je les
diviſe tous

en { DIVIDUELS
& en
INDIVIDUELS.

J'appelle Noms Dividuels ceux
dont on ſe ſert pour repreſenter les
choses ſenſibles, & dans leſquel-

K

les on n'a point d'égard à la forme
ou figure, ni à aucune quantité
determinée : de-forte que fi l'on
vient à divifer ces matieres en plufieurs parties, ces parties retiennent
auffi-bien le nom du tout, que le
tout même. Ex. *du pain, du vin,
de la viande, de l'eau*, &c.

Si l'on divife une quantité de
pain, de vin, ou de viande en plufieurs parties, chacune de ces parties retiendra auffi-bien le nom *de
pain, de vin, de viande*, que la
quantité precedente. Ainfi une
miette de pain, une goutte de vin,
& un morceau de viande, feront
auffi-bien *du pain, du vin, de la
viande*, que vingt livres de pain,
qu'un muid de vin, & qu'une grande piece de viande.

De-plus, ces Noms dividuels ne
fe difent qu'au nombre Singulier,
& jamais au Pluriel ; & l'on n'a
égard qu'à leur quantité, & non à
leur nombre.

Mais par les Noms Individuels,
j'entens ceux qu'on donne aux fub-

ftances bornées par la forme ou la figure, & qui tombent dans l'idée du nombre, c'eft-à-dire d'un ou de plufieurs, & dont on ne peut divifer les parties integrantes, qui les font ce qu'ils font, fans les detruire & les faire ceffer d'être ce qu'ils etoient auparavant.

Par exemple, *un homme, un cheval, un arbre, une pomme, une table,* ne fe peuvent partager en deux ou plufieurs parties, fans que la forme en foit détruite; en-forte que ces chofes cefferont d'être ce qu'elles etoient auparavant, quoique la matiere qui entre dans leur compofition demeure toujours. Ainfi *un homme, un cheval, un arbre,* etant partagez en deux ou en plufieurs parties, ne feront plus *un homme, un cheval* ni *un arbre,* mais des moitiez ou des pieces *d'un homme, d'un cheval* ou *d'un arbre.*

Ces Noms Individuels tombent auffi fous l'idée du nombre, & l'on dit *un homme, deux chevaux, trois arbres,* &c.

K ij

Or la declinaiſon de ces Noms eſt fort differente dans notre Langue de celle des Noms Dividuels, comme on pourra remarquer dans les Tables ſuivantes.

DECLINAISONS des Noms Dividuels ou Materiels.

Nominatif		pain
&	{	dû pain
Accuſatif		le pain
Genitif		du pain
Datif		au pain
Vocatif		pain
Ablatif		du pain.

Declinez ainſi *vin, ſel, fer, plomb, bois,* & tous les Noms Dividuels du genre maſculin qui commencent par une conſone.

Mais ceux du genre feminin, qui commencent auſſi par une conſone, ſe declinent en la maniere qui ſuit :

Nominatif		viande
&	{	de la viande
Accuſatif		la viande
Genitif		de la viande
Datif		à la viande
Vocatif		viande
Ablatif		de la viande.

Declinez ainſi
chair, cire, biere, terre, toile, &c.

Mais les Noms Dividuels qui commencent par une voyelle, different de ceux-là, en ce qu'on elide la voyelle (*e*) ou (*a*) des Articles (*le*) & (*la*) qu'on met devant eux ; & ceux du genre maſculin ſe declinent comme ceux du feminin: ce qui ſe fait pour la douceur de la prononciation. Exemp.

Nominatif		argent
&	{	de l'argent
Accuſatif		l'argent.
Genitif		de l'argent
Datif		à l'argent
Vocatif		argent
Ablatif		de l'argent.

Declinez de cette maniere, *ambre, amidon, or, etain, empois,* &

tous les autres Noms de cette espece qui commencent par une voyelle.

Ceux qui font du genre feminin fe declinent de la même maniere. Exemp.

Nominatif	ivoire
&	de l'ivoire
Accufatif	l'ivoire
Genitif	de l'ivoire
Datif	à l'ivoire
Vocatif	ivoire
Ablatif	de l'ivoire.

Declinez ainfi

ebene, ancre, avoine, huile, oüate, etamine, &c.

Remarquez que les Articles *le, du, la, de la, les, des,* font egalement du cas Nominatif, & de l'Accufatif. Exemp.

Le vin eft une boiffon excellente.

J'aime le vin, la biere, la viande.

Il y a du pain, de la viande, & des pommes fur la table.

J'aime le pain, la viande, les pommes, les marrons.

Nous mangeons du pain, de la

viande, des marrons, &c.

Ce ne font pas feulement les fubftances corporelles, mais auffi les intellectuelles ou fpirituelles, qu'on doit diftinguer felon l'idée des Noms Dividuels. Exemp.

L'ame eft la forme de l'homme.

Il a *de l'efprit.*

J'ai *du chagrin.*

Cela me donne *de la peine.*

Il eft accoutumé *à la fatigue, au foin, à l'affliction.*

Il a *de l'amour* pour vous.

Dans cette idée on met auffi les Articles devant le nom des vertus, des vices, des paffions, & l'on dit, *la Iuftice, la Temperance, la Charité, l'Ivrognerie, l'Injuftice, la Cruauté, la Colere, la Crainte, l'Efperance, le Secret, le Bruit, le Silence, &c.*

Quoi-que les Noms Individuels eftant conçus de la maniere que je viens de dire, n'ayent point de Pluriel, ils ne laiffent pas de fe trouver quelquefois dans ce nombre : mais alors on les doit prendre dans un autre ſens. Exemp.

Un pain ou tourteau de pain, *deux,
trois, quatre pains.*

*Les vins de Champagne, de Bour-
gogne,* &c. C'eſt-à-dire les diverſes eſpeces de vin.

Un bois ou bocage.

Les bois ou forêts.

Les eaux, les airs, &c.

Quelquefois on prend les Noms
Individuels dans le ſens des Dividuels, ayant ſeulement égard à la
matiere. Exemp. *un poiſſon, un
bœuf, des moutons,* &c. Et l'on dit,

Le poiſſon eſt *cher* à Paris.

Le bœuf & *le mouton* ſont des vian-
des fort ſaines.

J'ai mangé *du bœuf, du mouton,
du poiſſon.*

Dans l'idée des ſubſtances Di-
viduelles les articles *le, la, les, du,
de la, des, au, à la, aux,* ont une
ſignification indeterminée, & l'on
dit,

Le vin eſt meilleur que *la biere.*

La viande eſt plus ſaine que *le
poiſſon.*

Donnez-moi *du vin*, *du fruit*, *de
la crême*, *des cerises*, *des marrons*.
Les pois font meilleurs que *les fé-
ves*.
La couleur *du vin*.
Le gout *de la viande*.
Je fuis accoutumé *à la viande*, *au
vin*, *aux herbes*.
Plufieurs maladies *du corps* viennent *de la mauvaife nourriture*, *du
mauvais air*, *des méchantes eaux*,
&c.

Mais ces articles peuvent avoir
auffi une fignification determinée,
& fur-tout avec des mots relatifs.
*Le frere du Roi : La fille de la Rei-
ne : Les faveurs de ce Prince*, *de
Madame*, *de fa Maîtreffe*.
Le vin que nous beuvons, eft ex-
cellent.
Les melons que vous m'avez donné ne valent rien.
L'or que j'ai dans ma bourfe, eft
pour un autre ufage, &c.

DECLINAISON
des Noms Individuels.

LEs Noms Individuels se declinent dans l'un & l'autre nombre, & admettent les articles *un* & *une* dans le Singulier; & *des*, qui leur répond, dans le Pluriel. Ex.

SINGUL.

Nominatif & Accusatif	{	Roi un Roi le Roi
Genitif		du Roi
Datif		au Roi
Vocatif		Roi
Ablatif		du Roi.

PLURAL.

Nominatif & Accusatif	{	Rois des Rois. les Rois
Genitif		des Rois
Datif		aux Rois
Vocatif		Rois
Ablatif		des Rois.

Declinez de cette maniere, *Prince, Marquis, Garçon, Chateau.*

village, chandelier, cierge, flam-
beau, melon, & tous les Noms
Individuels du genre masculin qui
commencent par une consone.

Mais les Noms de cette espece
qui commencent par une voyelle,
se declinent comme le mot suivant

SINGUL.

Nominatif	Empereur
&	un Empereur
Accusatif	l'Empereur
Genitif	de l'Empereur
Datif	à l'Empereur
Vocatif	Empereur
Ablatif	de l'Empereur.

PLURAL.

Nominatif	Empereurs
&	des Empereurs
Accusatif	les Empereurs
Genitif	des Empereurs
Datif	aus Empereurs
Vocatif	Empereurs
Ablatif	des Empereurs.

Declinez de cette maniere *Ange,*
astre, oiseau, arbre, homme, ani-
mal, & tous les Noms de cette
espece du genre masculin, qui com-

mencent par une voyelle ou par une (*h*) muette. Mais les Noms du genre feminin, qui commencent par une confone, fe declinent en la maniere fuïvante :

SINGUL.

Nominatif	}	Reine
&	}	une Reine
Accufatif	}	la Reine
Genitif		de la Reine
Datif		à la Reine
Vocatif		Reine
Ablatif		de la Reine.

PLURAL.

Nominatif	}	Reines
&	}	des Reines
Accufatif	}	les Reines
Genitif		des Reines
Datif		aus Reines
Vocatif		Reines
Ablatif		des Reines.

Declinez ainfi *Princeffe, Marquife, femme, fille, maifon, ville, chandele, pomme, cerife, &c.*

Ceux du même genre feminin, qui commencent par une voyelle, ou par une (*h*) muette, fe declinent

nent comme le Nom fuivant:

S I N G U L.

Nominatif   {   Imperatrice
&   une Imperatrice
Accufatif   l'Imperatrice
Genitif   de l'Imperatrice
Datif   à l'Imperatrice
Vocatif   Imperatrice
Ablatif   de l'Imperatrice

P L U R A L.

Nominatif   {   Imperatrices
&   des Imperatrices
Accufatif   les Imperatrices
Genitif   des Imperatrices
Datif   aus Imperatrices
Vocatif   Imperatrices
Ablatif   des Imperatrices.

Declinez de cette maniere *une Etoille*, *une Eglife*, *une Imâge*, *une hiftoire*, *une urne*, *une huitre*, *une herbe*, *une âme*, &c.

J'ai déjà dit, que les Noms terminez en *al* forment leur Pluriel en *aux*, & que ceux qui dans le Singulier finiffent par une de ces trois letres, *s*, *x*, *z*, ont une mê-

L

me : terminaison dans les deux nombres. J'ai ajouté, qu'on ne distingue le plus souvent le nombre Pluriel en parlant, que par le sens, par les articles, & par la quantité de la derniere syllabe du Pluriel, qui est toujours plus longue que dans le Singulier : ce qui est fort vrai, à-moins que le mot soit terminé par un (e) feminin, qui n'augmente jamais sa quantité.

DES NOMS ADIECTIFS.

COmme les Noms Adjectifs suivent le Genre, le Nombre, & le Cas des Substantifs, ils se declinent aussi comme eux. Et parce que les Substantifs different souvent dans leur genre, on a donné des genres differens aux Adjectifs, afin qu'on les pût accommoder aux Substantifs.

Ceux qui sont terminez par un (e) feminin au genre masculin, sont communs aux deux genres dans l'un & l'autre nombre. Exemp.

Un jeune garçon.

Une jeune fille.

Des jeunes garçons.

Des jeunes filles , &c.

Aimable, sensible, debile, souple, credule, & presque tous les Adjectifs qui suivent cette terminaison,
sont du genre commun ; comme
aussi plusieurs autres terminez par
un (e) feminin dans l'un & dans
l'autre nombre.

Mais la plûpart des autres Noms
Adjectifs different entre eux en
genre & en terminaison ; & ceux
du feminin se forment ordinairement du masculin par l'addition ou
changement de quelque letre dans
la terminaison du mot. Ce que
quelques Grammairiens ont appellé Motion ou *mouvement.*

Tous les Noms Adjectifs du
genre masculin, qui sont terminez
par une consone , forment generalement leur feminin par l'addition
d'un (e) debile ou feminin. Ex.

Grand	Grande
gaillard	gaillarde
camard	camarde
lourd	lourde
fecond	feconde
general	generale
eternel	eternele
vermeil	vermeille
civil	civile
mol	molle
feul	feule
Alefan	Alefane
veteran	veterane
fain	faine
plein	pleine
mutin	mutine
ancien	ancienne
fripon	friponne
poltron	poltronne
commun	commune
importun	importune
amer	amere
fier	fiere
altier	altiére
groffier	groffiére
Martyr	Martyre
pur	pure

futur	future
gras	grasse
bas	basse
gris	grise
bis	bise
gros	grosse
faux	fausse
hureux	hureuse
genereux	genereuse
gueux	gueuse
douteux	douteuse
courtois	courtoise
matois	matoise
doux	douce
roux	rousse
plat	platte
nacarat	nacarate
incarnat	incarnate
net	nette
brunet	brunette
joliet	joliette
parfait	parfaite
complet	complete
droit	droite
etroit	etroite
sot	sotte
plaisant	plaisante

mechant	*mechante*
brillant	*brillante*
prudent	*prudente*
ardent	*ardente*
ſaint	*ſainte*
feint	*feinte*
craint	*crainte*
joint	*jointe*

Maïs les mots ſuivans s'écartent de cette regle :

Blanc	*Blanche.*
ſec	*ſeiche*
public	*publique*
crud	*cruë*
nud	*nuë*
bel	*belle*
beau	
vieil	*vieille*
vieux	
mou	*molle*
fou	*folle*
ſoul	*ſoule*
abſous	*abſoute*

& quelques autres, & generalement tous les mots terminez par une (*f*) Exemp.

bref	*breve*
grief	*grieve*
actif	*active*
penſif	*penſive*
plaintif	*plaintive*
neuf	*neuve*

Les Adjectifs terminez par une de ces trois voyelles *é, i, u,* forment leur feminin en ajoûtant un (*e*) debile. Exemp.

intereſſé	*intereſſée*
aſſuré	*aſſurée*
inopiné	*inopinée*
confirmé	*confirmée*
rafiné	*rafinée*
joli	*jolie*
infini	*infinie*
aſſorti	*aſſortie*
embelli	*embellie*
abſolu	*abſolue*
reſolu	*reſolue*
ingenu, &c.	*ingenue, &c.*

Il y a des Noms qui, bien que Subſtantifs de leur nature, uſurpent ſouvent la ſignification des Adjectifs. Exemp.

Flateur	*Flateuse*
reveur	*reveuse*
menteur	*menteuse*
trompeur	*trompeuse*
tygre	*tygresse*
enchanteur	*enchanteresse*
imitateur	*imitatrice*
exterminateur	*exterminatrice*

& plusieurs autres de cette sorte : car on dit fort bien, *Un discours flateur, un homme reveur : elle est un peu tygresse de son naturel : un Ange exterminateur : une vertu generatrice*, &c.

Au contraire les Adjectifs deviennent quelquefois absolus, & prennent la forme des Substantifs. Exemp. *un Politique. un brave. un poltron. un sage. une prude. une precieuse*, &c.

Pour le mouvement des Noms Substantifs qui forment un feminin, on peut dire en general, que ceux qui sont terminez en (*eur*) ont leur feminin en (*euse*) ou en (*trice*,) & ceux qui sont terminez en (*eau*) l'ont en (*elle*.) Exemp.

Puceau	*Pucelle*
maquereau	*maquerelle*
jumeau	*jumelle, &c.*

Ceux qui font terminez en (*er*) ou en (*ier*) font ordinairement leur feminin en (*ere*) ou en (*iere.*) Ex.

Horloger	*Horlogere*
Berger	*Bergere*
Menuifier	*Menuifiere*
Chapelier	*Chapeliere*
Couturier	*Couturiere*

Ceux qui font terminez en (*and*) font leur feminin en (*ande.*) Ex.

Marchand	*Marchande*
Tifferand	*Tifferande*
Flamand	*Flamande*
Allemand	*Allemande*
Gouverneur	*Gouvernante*
valet	*fervante*
devin	*devinereffe*
borgne	*borgneffe, &c.*

Mais ces differences fe peuvent mieux apprendre dans les Dictionnaires, & par la pratique, que par des regles.

DE LA COMPARAISON
des Noms Adjectifs.

LEs Noms Adjectifs ne se declinent pas seulement comme les Substantifs , mais de-plus ils se comparent.

Or la comparaison des Noms est une maniere d'en elever ou exagerer la signification par de certains degrez , qui sont trois en nombre, & qui s'appellent

LE POSITIF

LE COMPARATIF

LE SUPERLATIF.

Le POSITIF pose simplement le Nom dans sa signification naturelle, comme *grand, noble, riche, &c.*

Le COMPARATIF l'eleve à un plus haut degré de signification, en le comparant au Positif. Ce qui se fait dans notre Langue à l'aide de l'Adverbe *plus.* Ex. *Plus grand, plus noble, plus riche.*

Et le SUPERLATIF en eleve la

fignification auffi haut qu'elle puiffe
aller. Ex. *le plus grand*, *le plus
noble*, *le plus riche*. . Ce qui fe fait
en y ajoutant les Articles *le*, *la*, ou
les, en la maniere fuivante.

Au Masculin. SINGUL.
Grand, plus grand, le plus grand.

PLUR.
Grands, plus grands, les plus grands.

Au Feminin. SINGUL.
Grande, plus grande, la plus grande.

PLUR.
Grandes, plus grandes, les plus
grandes.

Remarquez que les Adjectifs
terminez par un (e) feminin, & qui
par-confequent font du genre commun, ne different que par les Articles au Superlatif feulement. Ex.
Utile, plus utile, le plus utile.
Utile, plus utile, la plus utile.

Dans le Plurier l'article (*le*) eft
commun aux deux genres, & l'on
dit *Utiles, plus utiles, les plus utiles.* Ce qui s'entend du genre mafculin & du feminin. Exemp.

*Les avis les plus utiles.   Les choses
les plus utiles*, &c.

Mais ceux-ci s'éloignent de la
regle commune.

Bon, meilleur, le meilleur.

Bons, meilleurs, les meilleurs.

Bonne, meilleure, la meilleure.

Bonnes, meilleures, les meilleures.

Méchant, pire ou *plus méchant.*

Mauvais, pire ou *plus mauvais.*

Petit, moindre ou *plus petit.*

Quelquefois on compare certains
Subſtantifs, quoi-que cela ſe faſſe
improprement.   Exemp.

Il eſt plus bête que les bêtes.

*C'eſt la plus diableſſe de toutes les
femmes.   Ce ſont les gens du monde
les plus filous.*

*Iamais je n'ai vû des gens plus
menteurs que ceux-là.*

*Les Miniſtres ſont quelquefois plus
Rois que les Rois mêmes.*

*La ſervante eſt plus maîtreſſe que la
maîtreſſe même*, &c.

Pour les particules *fort* & *três*,
ce ſont plutôt des Adverbes d'exa-
geration, que des marques du Superlatif,

perlatif , quoi-qu'en difent les Grammairiens. Voici des exemples. qui prouveront cette verité.

Ce jeune homme eft fort fage & fort bienfait ; mais j'en connois de *plus fages* & de *mieux faits.*

Votre maitreffe eft três-belle; mais la mienne eft encore *plus belle* , & je la crois *la plus belle* perfonne de fon fexe.

Vos amis font três-puiffans , je l'avouë ; mais je croi que ceux de votre ennemi font *plus puiffans* que les votres, & qu'ils font, peut-être, *les plus puiffans amis* qu'on puiffe avoir en Europe.

Remarquez qu'il y a des Participes de la voix paffive , qui ne fe comparent prefque jamais avec l'Adverbe *plus* , mais plutôt avec les Adverbes *mieux* , *plus mal* , & quelques autres Adverbes. Ex.
Cela eft fort bien dit , *mieux dit* , *le mieux dit du monde.*
Il eft mieux fait que moi.
C'eft l'homme du monde *le mieux fait.*

M

Il est malfait, plus malfait que moi, le plus malfait de tous les hommes.

Il est vrai qu'on dit aussi, *Ie suis plus fait à la fatigue que vous : Il est plus avancé que moi.* Mais c'est dans un sens different du premier.

Quelques-uns de ces Participes ayant aussi toute la force des Noms Adjectifs se comparent de-même qu'eux. Exemp.

Agé, plus *agé*, le plus *agé*.

Garni, plus *garni*, le plus *garni* de tous.

Ou bien *Garni*, mieux *garni*, le mieux *garni*.

Battu, plus *battu*, le plus *battu*.

Bien *battu*, mieux *battu*, le mieux *battu*, &c.

Dans la comparaison des Noms on se sert ordinairement de la particule comparative (*que*) en la maniere suivante.

La vertu est plus aimable *que* les richesses.

Les plaisirs de l'ame sont plus solides *que* ceux du corps.

L'or est plus precieux *que* l'argent,

Le vin est meilleur *que* les autres liqueurs.

Le remede est pire *que* le mal.

Votre second present est moindre *que* le premier.

Mais à l'égard des nombres où il ne s'agit pas proprement de la comparaison, l'on se sert de la prepofition (*de*) au lieu du comparatif (*que.*) Exemp.

Plus *d'un* mari en est jalous.

Plus *d'une* femme en fait autant.

Plus *de trois* personnes vous sont venu demander.

Ainsi on dit plus *de quatre*, plus *de vint*, plus *de trente*, plus *de cent*, plus *de mille*, &c.

Il est vrai qu'on dit aussi, *plus que cent, plus que mille*; mais alors c'est dans un autre sens. Exemp.

Cent bons soldats valent mieux *que* mille poltrons.

Dix pistoles font plus de bien *que* dix écus. Cette servante fait plus de besogne *que* deux autres.

Dans ces derniers exemples on peut voir qu'il ne s'agit pas d'exa-

gerer les nombres, mais seulement
de comparer la valeur ou le merite
des choses.

Pour le Superlatif, il veut ordinairement aprês soi les articles ou
prepositions *de, du, de la, des.* Ex.
Celui-là est le plus fort *de tous* ses
compagnons, qui peut endurer plus
de fatigue.   C'est le plus vaillant
homme *du monde.*   C'est la plus
honnête femme *de la ville.*
Louis est le plus grand *des Rois.*
Cet homme est le moindre *des
hommes, &c.*

A l'exemple des Italiens on forme quelquefois des Superlatifs en
ISSIME, & l'on dit *Serenissime,
Eminentissime, Illustrissime, Reve-
rendissime, Excellentissime.* On dit
aussi *Generalissime, Amiralissime,*
pour *Grand-General & Grand-
Amiral.* Ces mots sont établis
dans notre Langue, & l'on s'en sert
fort-à-propos en certaines occasions ; comme quand on dit, *La
Serenissime Republique* de Venise,
L'Eminentissime Cardinal, Son Al-

teſſe Illuſtrißime , &c.

Dans le diſcours ordinaire on s'émancipe quelquefois de ſe ſervir de ces Superlatifs. Ex. *un gran-dißime poltron ,* pour *un três-grand poltron.* Mais ces façons de parler ſont rares , & peu conformes au genie de notre Langue.

On pourroit faire pluſieurs au-tres obſervations ſur la comparai-ſon des Noms ; mais comme elles ſeroient de peu d'utilité , & que ces choſes s'apprennent mieux par la pratique que par les regles , je croi que ce que j'en ai déja dit , pourra ſuffire.

DES PRONOMS.

LE Pronom eſt une partie du diſcours dont on ſe ſert au-lieu du Nom , pour en eviter la trop frequente repetition , qui ſeroit in-commode & deſagreable.

Par exemple , ſi l'on diſoit,

*J'*aime la vertu, parce qu'*elle* eſt

M iij

aimable, & que *ſes* charmes ſont plus puiſſans que *ceux* des richeſ-ſes & des vains honneurs du ſiecle, *qui* nous trompent le plus ſouvent ſous une fauſſe apparence du bien & du plaiſir ;

Cela voudroit dire, ſi ce diſcours etoit ſans pronoms :

Je (*un tel qui parle*) aime la vertu, parce que la vertu eſt aimable, & que les charmes de la vertu ſont plus puiſſans que les charmes des richeſſes & des vains honneurs du ſiecle ; puiſque les richeſſes & les vains honneurs du ſiecle trompent le plus ſouvent les hommes ſous une fauſſe apparence du bien & du plaiſir.

Dieu a creé l'homme à *ſon* imâge, & *lui* a departi des dons & des graces, qu'*il* n'a point faites aus autres animaux. *C'eſt-à-dire :*

Dieu a creé l'homme à l'image de Dieu, & a departi à l'homme des biens & des graces, que Dieu n'a pas faites aus autres animaux.

On peut voir par ces exemples,

que sans l'usage des Pronoms on
seroit obligé de repeter le Nom
d'une maniere incommode & desagreable; & c'est aussi pour cette
raison qu'on a inventé ces petites
particules relatives du Nom, qui
l'expriment sous diverses terminaisons beaucoup plus commodément
& plus agreablement que le Nom
même.

DES ACCIDENS
ou circonstances des Pronoms.

IL y a sept accidens ou circonstances qui accompagnent le
Pronom, à savoir

LE GENRE	LA PERSONNE
LE NOMBRE	L'ESPECE
LE CAS	&
LA FIGURE	LA DECLINAISON

Il y a trois genres dans les Pronoms comme dans les Noms Adjectifs, à savoir *le Masculin, le Fe-*
minin, & le Commun.

Ceux-ci sont du genre masculin:
M iiij

Il, *ils*, *ce*, *cet*, *celui*, *ceux*, *quel*, *quels*, *lequel*, *lesquels*, *mon*, *ton*, *son*, *le notre*, *le votre*, *le leur*, *le mien*, *les miens*, *le tien*, *les tiens*, *le sien*, *les siens* : *tel*, *tels*, *aucun*, *aucuns*, *quelqu'un*, *quelques-uns*, *l'un*, *les uns*, *chacun*, *nul*, *nuls*, *tout*, *tous*, leurs cas obliques, & leurs com-posez.

Les Pronoms du genre Feminin sont ceux qui suivent : *Elle*, *elles*, *cette*, *celle*, *celles*, *quelle*, *quelles*, *laquelle*, *lesquelles*, *ma*, *ta*, *sa*, *la notre*, *la votre*, *la leur*, *la mienne*, *la tienne*, *la sienne*, *les miennes*, *les tiennes*, *les siennes*, *aucune*, *aucunes*, *quelqu'une*, *quelques-unes*, *l'une*, *les unes*, *chacune*, *telle*, *telles*, *nulle*, *nulles*, *toute*, *toutes*.

Tous les autres sont du genre Commun, à savoir : *Nous*, *vous*, *soi*, *ces*, *mes*, *tes*, *ses*, *notre*, *nos*, *votre*, *vos*, *leur*, *leurs*, *même*, *mêmes*, *qui*, *quoi*, *dont*, *quiconque*, *quelque*, *quelconque*, *chaque*, *autre*, *personne*, *plusieurs*, *peu*, *autrui*, & quelques autres.

Pour la douceur du langage on
met les Pronoms *mon ton son* devant les Noms du genre Feminin,
qui commencent par une voyelle.
Exemp. *mon âme, ton épée, son hi-*
ſtoire. Ainſi on aime mieux faire un
ſolecifine, que de dire, *ma âme,*
ta épée, ſa hiſtoire.

On n'a point donné de terminaiſon differente aux Pronoms *je,*
tu, ni à leurs Pluriels; parce que
celui qui parle, ſait ſon propre
ſexe & celui de la perſonne à qui
ſon diſcours s'adreſſe. Mais dans la
troiſiéme perſonne, qui le plus ſouvent eſt abſente, on a eſté obligé,
pour ne pas tomber dans la confu-
ſion & l'embarras, d'etablir une
diſtinction, & de dire *il, elle, ils,*
elles. Dans les autres Pronoms qui
ſont de tous les genres, comme
qui, ces, quelque, le hazard a plus
eu de part que la raiſon. Il y en a
même qui ſont de tout genre & de
tout nombre, comme nous ferons
voir dans la declinaiſon.

Pour ce qui eſt du Nombre,

dans les Pronoms, il eſt de-même que dans les Noms, à ſavoir SIN-GULIER, comme *je*, *tu*, *il*, *ce*; & PLURIEL, comme *nous*, *vous*, *ils*, *ces*, &c.

Les CAS ſont auſſi les mêmes que dans le Noms, horſmis que les Pronoms n'ont point de Vocatif, ſi l'on en excepte ces trois, *tu*, *mon*, *notre*, & leurs Pluriels. Ce que nous remarquerons dans leur declinaiſon. Comme auſſi, que nous avons retenu de la Langue Latine ſix Accuſatifs diſtincts par leur terminaiſon de leurs Cas directes, à ſavoir *me, te, ſe, le, la, les.*

La FIGURE des Pronoms eſt ſimple ou compoſée, comme dans les Noms. Exemp. *moi, lui, eux, elle, ce, qui, quel,* & autres Pronoms ſimples.

En voici de compoſez : *moi-même, lui-même, eux-mêmes: c'elle, c'elui, c'eux,* qu'on écrit mainte-nant *celle, celui, ceux,* & *quiconque, quelque.*

Il y en a qui ont une double composition. Ex. *celui-ci, celle-là,* &c.

Il y a trois personnes dans les Pronoms, à savoir

LA PREMIERE, qui est celle qui parle. Ex. JE *vous aime.* NOUS *sommes ravis de vous voir.*

LA SECONDE, qui est celle à qui on parle. Ex. TU *es un plaisant falot.* VOUS *estes des fripons.*

ET LA TROISIEME, qui est celle de qui l'on parle. Ex. IL *est fort honnête homme.* ELLE *est modeste & sage.* ILS *ont de l'honneur.* ELLES *sont jolies,* &c.

Il faut remarquer que horsmis les Pronoms, *je, nous, tu, vous,* tous les autres Noms sont de la troisiéme personne, dans l'un & dans l'autre Nombre, & de quelque genre qu'ils soient. Exemp. *Le Roi ordonne. Il commande. La raison veut. Les Loix deffendent. Les hommes sont trompeurs,* &c.

Il y a deux ESPECES de Pronoms. Les premiers sont de la primitive, comme

Ie	*nous*	*quoi*	*aucun*
tu	*vous*	*quel*	*nul*
il	*ce*	*autre*	*tout*
soi	*qui*	*chaque*	*peu*

Tous les autres sont derivatifs, ou de la seconde espece. Exemp. *mon, ton, son, notre, votre, leur,* qui derivent de *moi, toi, soi, nous, vous, lui, &c.*

Les Pronoms se divisent encore à l'égard de leur signification

en {
PERSONELS
POSSESSIFS
DEMONSTRATIFS
RELATIFS
INTERROGATIFS
&
INDEFINIS.
}

Ce que nous ferons voir plus clairement dans leur declinaison.

DE LA DECLINAISON *des Pronoms.*

LEs Pronoms se declinent comme les Noms, les uns avec l'article indefini, & les autres avec le defini.

Les

Si je vous donne le choix de ces deux choſes, *laquelle* prendrez-vous? *Leſquels* trouvez-vous les meilleurs de tous ces avis? *Auſquels* de ces hommes avez-vous donné voſtre argent?

Auſquelles de ces Provinces aimez-vous mieux aller? &c.

Le Pronom *quoi* eſt auſſi le plus ſouvent interrogatif; mais il n'a point de Nominatif. Il ſe decline avec l'article indefini en la maniere ſuivante:

Nominatif   caret
Genitif   de quoi
Datif   à quoi
Accuſatif   que & quoi
Vocatif   caret
Ablatif   de quoi.

Il eſt de tout Genre & de tout Nombre; mais le plus ſouvent il eſt du Singulier. Exemp.

Dequoi parlez-vous? *A quoi* vous determinez-vous? *A quoi* penſez-vous? *Que* dites-vous? *Que* demandez-vous? *De quoi* faites-vous cela? M'a-t-il pas dit je ne ſai *quoi* de doux ? Sont-ce là des affaires *de quoi* il faille entretenir les Dames ? Vous a-t il fait des promesses *à quoi* vous puissiez vous fier ? Sont-ce pas des chimeres *ʃur quoi* on ne doit fonder rien de ʃolide ? *En quoi* m'avez-vous obligé ? Ne ferez-vous jamais naitre des occaʃions *en quoi* je puiʃʃe vous ʃervir ? &c.

Au lieu du Pronom *quoi* on ʃe ʃert fort ʃouvent dans l'Ablatif de ce Pronom de l'Adverbe de lieu (*où*) Exemp.

Y-a-t-il des occaʃions *où* je puiʃʃe vous ʃervir ? *c'eʃt-à-dire*, dans leʃquelles je puiʃʃe vous ʃervir.

Où puis-je vous etre utile ? *c'eʃt-à-dire*, à quoi *ou* en quoi puis-je vous être utile ? &c.

DES PRONOMS,
Relatifs.

LE PRONOM RELATIF eʃt celui qui montre le rapport ou convenance qu'il y a entre le Nom

precedent & ce qui le ſuit. Ex.
Nous dépendons tous du ſoin de la
Providence divine : c'eſt *elle qui*
nous nourrit, *qui* nous conſerve, &
ſans *laquelle* nous ne ſaurions ſub-
ſiſter un moment : &c.

Il eſt aiſé de voir par cet exemple, que les Pronoms *elle*, *qui*, &
laquelle, ſe rapportent au mot de
Providence, qui eſt leur antecedent.

Nous avons pluſieurs Pronoms
Relatifs ; mais les principaux ſont
qui & *lequel*, avec leurs Cas obliques.

Il y a cette difference entre *qui*
interrogatif & *qui* relatif, que le
premier a le Nominatif & l'Accuſatif ſemblables ; mais *qui* relatif
fait *que* à ſon Accuſatif. Ex.
C'eſt un homme *que* je n'aime pas,
& *que* je ne ſaurois aimer.
C'eſt la femme du monde *que* j'ad-
mire, *que* j'eſtime, & *que* j'aime
le plus.

Mais l'Interrogatif fait *qui* dans
le Nominatif & dans l'Accuſatif.
Ex. *Qui* eſtes-vous ? *Qui* deman-

dez-vous ? *Qui* vous craint ? *Qui*
craignez-vous ?

D'ailleurs le Pronom interrogatif precede le Nom , & le relatif le
fuit.

Le Pronom *lequel* eft auffi le
plus fouvent relatif, & a la même
fignification que le Pronom *qui*,
quoi-que l'ufage en foit un peu different & moins frequent. Il n'eft
pas de tout Genre & de tout Nombre comme *qui* ; mais il diftingue
ces circonftances par fes differentes terminaifons en la maniere fuivante.

	SINGUL.	PLUR.
Nomin. & Accuf.	lequel	lefquels
	laquelle	lefquelles
Genitif	duquel	defquels
	de laquelle	defquelles
Datif	auquel	auxquels
	à laquelle	auxquelles
Vocatif	*caret*	*caret*
Ablatif	duquel	defquels
	de laquelle	defquelles

L'ufage de ce Pronom n'eft pas

fi frequent que celui du Pronom *qui*, & plufieurs s'en fervent grof-fierement ; mais en divers endroits il eft fort elegant, & fert admira-blement bien à diftinguer les par-ties du difcours, & à eviter les equivoques.

Le Pronom *quoi* eft auffi fort fouvent relatif; & pour la particule *dont*, elle eft commune à ces trois Pronoms, *qui*, *lequel*, & *quoi*, & vaut autant en fignification que leur Genitif & leur Ablatif dans tous les Genres & dans tous les Nombres. Je ferai voir l'ufage de ces Pronoms par les exemples fui-vans, dans tous les Nombres & les Cas.

Tout homme *qui* adore Dieu, *qui* aime fon prochain, *qui* rend la ju-ftice à chacun, & *dont* les mœurs font chaftes & pures, a le caracte-re d'un enfant de Dieu.

C'eft une perfonne *de qui* l'on m'a dit des chofes etranges, & *dont* la frequentation eft dangereufe.

On ne fait *à qui* fe fier dans ce fie-

cle corrompu, & je ne connois pas
un homme *auquel* je voulusse con-
fier mes secrets.

Ce sont des gens *que* je n'aime
point, & *que* je n'aimerai de ma
vie, parce qu'ils ne sont pas dignes
de mon estime. On est tout ré-
joüi quand on voit ce *qu'on* aime.
Les presens *que* vous aviez desti-
nez à un tel, auroient esté perdus
si vous les eussiez envoyez.

Les jeunes gens, *qui* ont beaucoup
de presomption & *qui* manquent
d'experience, sont sujets à juger
des choses avec temerité.

C'est une affaire *à quoi* je pense
continuellement, *qui* me donne
bien du chagrin, & *dont* je voudrois
bien-tôt estre delivré.

C'est un homme *que* vous connois-
sez parfaitement, & *duquel* vous
pourrez facilement nous raconter
les avantures.

Son mal est fort extraordinaire, &
du nombre de ceux *ausquels* on
peut à-peine remedier.

On vous propose deux affaires à

folliciter: je ne fai par *laquelle* vous commencerez.   On nous dit tant de chofes differentes, que nous ne favons *que* croire.

Dans l'incertitude des affaires on ne fait *à quoi* fe determiner.

Cet homme foutient fon opinion avec beaucoup d'ardeur : mais je ne vois pas *fur quoi* il appuie fes raifonnemens. Je vous dirai franchement ma penfée, après *quoi* vous ferez ce qu'il vous plaira.

Vous me faites des demandes fort injuftes, & je ne fai *pourquoi* vous voulez que je vous accorde ce que vous me demandez.

Dites-nous ingenument *fur quoi* vous fondez vos conjectures.

Par ces exemples on peut voir en general quel eft l'ufage legitime des Pronoms relatifs. Il eft difficile d'en donner des regles affurées, & je penfe que le plus feur eft d'obferver dans les bons Autheurs, & dans le difcours des perfonnes polies, de quelle maniere il s'en faut fervir. Ce qu'on en peut dire en general, est que les Pronoms *qui* & *dont* se disent plus des personnes que des choses, & que *lequel* & *quoi* se disent plus souvent des choses que des personnes.

Les Pronoms personnels *il*, *ils*, *elle*, *elles*, & leurs Cas obliques, sont aussi relatifs en divers endroits. Exemp. Dieu est l'auteur de toutes choses, *il* les soûtient par sa puissance, & tourne tout à sa propre gloire. *Il* a creé l'homme à son image, & lui a donné des lumieres beaucoup plus grandes que *celles* qu'il a departies aux autres animaux. Quand la grace du Ciel se repand sur nos cœurs, *elle* les regenere, *elle* les amollit & les dispose à l'obeissance de ses loix.

Le Pronom (*ce*) & ses derivez sont aussi relatifs en plusieurs rencontres. Exemp.
Vous m'avez donné de bons conseils, & *ce* que vous m'avez dit touchant ma conduite est asseurément une marque de votre sagesse & de votre amitié.

Entre toutes les choses *dont* vous avez parlé, *celle* qui regarde le soin qu'on doit avoir de son salut, est la plus importante.

Les gens qui parlent poliment sont dignes d'estime; mais *ceux qui* font font de bonnes actions, le sont encore davantage.

L'Adverbe de lieu (*où*) sert aussi de Pronom relatif en plusieurs occasions. Exemp.

Si vous avez des affaires *où* je vous puisse servir. C'est-à-dire *en quoi*. Il est dans un embarras d'*où* il aura beaucoup de peine à se tirer. C'est-à dire *duquel* : &c.

Pour finir ce Chapitre, je dirai qu'il y a peu de Pronoms qui ne deviennent relatifs en plusieurs endroits du discours.

DES PRONOMS *indefinis.*

LES PRONOMS INDEFINIS sont ceux dont le sens est vague & indeterminé.

Il y en a de Simples & de Composez.

LES SIMPLES font		LES COMPOSEZ font
chaque *autre* *nul* *personne* *tout* *peu* *plusieurs* *tel* *autrui*	& leurs Feminins & leurs Pluriers.	*quiconque* *qui que ce soit* *quelque* *quelconque* *quelqu'un* *chacun* *l'un* *les uns* *aucun* *l'autre* *le même.*

Il y en a qui ont une double terminaison pour marquer la difference des Genres, & d'autres qui sont du Genre Commun sous une même terminaison. Par exemple : Nul *nuls*, nulle *nulles*, tout *tous*, toute *toutes*, quelqu'un *quelques-uns*, quelqu'une *quelques-unes*, chacun *chacune*, l'un *les uns*, l'une *les unes*, aucun *aucuns*, aucune *aucunes*.

Tous les autres sont du Genre Commun.

Quelques-uns ne se disent qu'au Nombre Singulier, d'autres au Pluriel, & d'autres dans les deux Nombres.

Chaque, *chacun*, *quiconque*, *qui que ce soit*, & autres, ne se trouvent que dans le Nombre Singulier. Mais *peu* & *plusieurs* sont toûjours du Pluriel. Tous les autres se disent dans l'un & l'autre Nombre. Ils se declinent tous avec l'article indefini, à la reserve de ces trois ici qui ont l'article defini :

L'un l'une, les uns, les unes.
Le même, la même, les mêmes.
L'autre, les autres.

Pour leur signification, elle est diverse, & leur usage different.

chaque	*chacun*
quelque	*quelqu'un*
peu	*aucun*
autre	*l'un & l'autre*

sont distributifs : mais *tout*, *plusieurs*, *autrui* sont congregatifs.

Il y a des gens qui disent que tous ces Pronoms ne sont pas proprement des Pronoms ; mais qu'il y en a qui sont des Noms Adjectifs, & d'autres des Adverbes.

Contre la premiere objection je repons que tout Nom Adjectif se peut comparer, & que pas un de ces Pronoms ne se compare : Et contre la seconde, je dis que les Adverbes sont indeclinables, & que tous ces Pronoms se declinent, & qu'ainsi ils ne sont ni Adverbes ni Noms Adjectifs, mais de veritables Pronoms indefinis. De plus, on peut dire qu'il y en a cinq qui ont plus l'air de Noms Adjectifs que tous les autres, & d'où neanmoins se forment des Adverbes. Exemp.

autre	*autrement*
nulle	*nullement*
telle	*tellement*
aucune	*aucunement*
même	*mêmement*

On ne sauroit les expliquer tous avec exactitude, sans passer dans un détail ennuïant : C'est pourquoi je me contenterai d'en faire voir l'usage legitime dans quelques exemples.

Quelqu'un

Quelqu'un m'a dit que vous m'aviez demandé ? Avez-vous beaucoup de livres ? Oui, j'en ai *quelques-uns.*

Chaque païs a ses mœurs & ses coutumes differentes. Nous avons distribué l'argent du Roi, & donné tant à *chaque* Officier, & tant à *chaque* commun Soldat. *Chaque* femme avoit son mari, & *chaque* fille son amant.

La ville de Paris est divisée en quartiers, en Paroisses & en ruës, & *chacune* de ces choses a son nom, son etendüe & sa maniere particuliere. *Chacun* a bonne opinion de lui-même. On a donné des bijoux à *chacune* de ces filles, & du vin à *chacun* de ces hommes : ainsi *chacun* a esté content.

Pour eviter noise & rancune, que *chacun* ait sa *chacune.*

Autre chose est dire, & *autre chose* est faire. Vous estes *tout autre* que vous n'etiez, depuis que vous avez mangé. *L'un* dit une chose, & *l'autre* en dit une *autre.*

Ces femmes font d'une humeur bien differente ; *les unes* veulent rire, & *les autres* veulent pleurer. *L'un* & *l'autre* ont raifon : *c'eft-à-dire*, tous les deux.

Ces deux femmes font des fouhaits bien differens : *l'une* demande la vie de fon mari, & *l'autre* fouhaite fa mort. Nous repondîmes d'*une* maniere, & ils repondirent d'*une autre*.

Nul ne peut eviter la mort. *Nul homme mortel* n'eft fans peché devant Dieu. Vous n'avez *nulle raifon* de faire cela. Il n'y a *nulle apparence* que cela arrive. Toutes vos pretentions ont efté declarées *nulles* par Arreft. J'ai converfé avec plufieurs femmes ; mais *nulle* ne fe peut vanter de m'avoir debauché. *Perfonne* ne m'a-t-il vû entrer ? Non, *perfonne* ne vous a vû. Je fuis un pecheur devant Dieu ; mais je ne fais tort à *perfonne*. Y-a-t-il *perfonne* ici ? Il n'y a *perfonne* que moi. *Perfonne* ne fe plaint de vous. Je ne demande rien à *perfonne*.

Tout homme qui craint Dieu, sera sauvé. A *tout pecheur* misericorde. *Toute femme* qui aime bien son mari, & qui a soin de sa famille, merite des loüanges. *Tous ceux* qui vivent saintement, seront sauvez. *Toutes les femmes* sont fragiles,& sujettes à bien des foiblesses. *Peu de gens* savent bien vivre. *Tel* menace, qui a bien peur. *Plusieurs* sont appellez, mais *peu* sont élûs. Il y a fort *peu de personnes* qui soient exemtes de préjugez.

Il y a *plusieurs choses* à dire sur cette matiere. Ceux qui ravissent le bien d'*autrui*, en rendront compte devant Dieu. Il est fort menager de son propre bien, mais fort prodigue de celui d'*autrui*. *Quiconque* adore Dieu, & cherit son prochain, accomplit la Loi de Dieu. Cet homme n'a du respect pour *qui que ce soit*, (c'est-à-dire) pour personne. *Quelque personne charitable* a secouru ces pauvres gens. Ma douleur est *telle*, que je ne puis l'exprimer. Donnez-nous *quelque* choſe à faire ? N'avez-vous point d'affaires? Non, je n'ai affaire *quelconque.* (c'eſt-à-dire) nulle affaire. Je n'ai ouï dire choſe *quelconque* de cette affaire. Cet homme n'a *aucune malice.* Je n'ai *aucun deſir* de vous nuire, ni même de vous ſouhaiter du mal.

Je vous l'ai dit mille fois *moi-même.* Ces gens-là s'aiment trop *eux-mêmes.* Ils nous ont dit *la même choſe* que vous nous aviez dite. On dit que l'armée marchera bien-tôt pour la Flandre, & que le Roi y veut aller pour la commander *lui-même.* Sont-ce-là les perſonnes dont vous nous parliez ? Ouï, ce ſont *elles-mêmes,* & je vois en elles *le même air, la même demarche, & les mêmes habits.*

Ce Pronom *même* eſt du Genre Commun ; mais ſouvent il dégenere en Adverbe. Exemp.
Il nous a dit beaucoup de choſes, & nous a *même* aſſurez que la paix feroit bien-tôt conclüe.

Il m'a prié de vous faire ſes baiſe-
mains, & *même* il m'a donné des
letres pour vous.

Ce Pronom & ſon Adverbe ſont
le plus ſouvent emphatiques : mais
quand on met le Pronom devant
les Noms Subſtantifs, alors il ſignifie *ſemblables* ou *pareils*. Ex.
Ils avoient à-peu-prés *la même
taille, la même mine, le même air,
les mêmes manieres*.

Tel tels, & *telle telles*, ſont auſſi
des Pronoms de ſimilitude. Ex.
Tel maitre, *tel* valet.
Telle qu'une Bergere aux plus
beaux jours de feſte.

Maint & *mainte* ſont du vieux
ſtile, & *certain certaine* ſont des
Adjectifs dont on ſe ſert quelquefois au lieu des Pronoms.

Force eſt proprement un Adverbe, & l'uſage de toutes ces choſes
s'apprend mieux par la pratique,
que par des regles.

DU VERBE.

LE VERBE eſt une partie du diſcours qui ſignifie *eſtre*, *agir* ou *patir*, & ſe conjugue par modes, par tems, par nombres & par perſonnes.

Comme le Nom eſt un ſigne inventé pour ſignifier & pour diſtinguer les perſonnes & les choſes, ſans aucune circonſtance de tems; le Verbe ſert principalement à ſignifier les actions, avec le tems auquel elles ſont produites.

Selon la diviſion la plus generale le Verbe ſe diviſe.

en { PERSONNEL & en IMPERSONNEL.

Le Verbe PERSONNEL eſt celui qui ſe conjugue par les trois perſonnes des tems en l'un & en l'autre Nombre, comme on peut voir dans ces exemples :

je parle   *nous parlons*
tu parles   *vous parlez*
il parle   *ils parlent*

Mais le Verbe IMPERSONNEL eſt celui qui ſe conjugue ſeulement par la troiſieme perſonne du Singulier. Exemp. *Il pleut, il me plaît, il neige, on dit, on croit,* &c.

Il y a dans le Verbe huit accidens ou circonſtances à remarquer, à ſavoir

Le Genre ou *la Forme.*   *Le tems.*
La Figure.   *La Perſonne.*
L'Eſpece.   *Le Nombre.*
Le Mode.   & *La Conjugaiſon.*

Le GENRE ou la forme des Verbes, eſt ce qui en fait connoitre la nature ou veritable ſignification.

La forme des Verbes eſt de trois ſortes : *L'Active, la Neutre,* & *la Paſſive.*

Les VERBES de la forme Active ſont ceux qui expriment une action qui paſſe de *l'agent* au *patient,* c'eſt-à-dire, de celui qui produit cette action, ſur celui qui la ſoufre ou qui la reçoit.

Q iiij

Ainſi, quand on dit, *Dieu con-*
ſerve les hommes; dans cette phraſe
D I E U eſt l'*agent*, duquel vient
l'action de conſerver, qui paſſe ſur
les HOMMES, leſquels ſont ici les
patiens, qui ſouffrent ou reçoivent
l'action. Exemp.

Ie vous aime. Le Pronom JE dans
cette phraſe, eſt le ſigne de l'*agent*,
A I M E l'eſt de l'*action*, & V O U S
eſt le ſigne du *patient*, ou du ſujet
qui reçoit l'action.

Les Magiſtrats puniſſent les mé-
chans. LES MAGISTRATS ſont
l'*agent*, PUNISSENT eſt l'*action*, &
LES MECHANS ſont *le ſujet* ſur lequel elle paſſe.

LES VERBES neutres ſont ceux
qui ſignifient une action qui ne ſort
pas de l'agent qui la produit, mais
qui demeure dans l'agent même,
lequel eſt patient auſſi dans cette
occaſion, & ſon action ne paſſe point
ſur aucun ſujet extérieur. Cela ſe
peut voir par les exemples ſuivans.
Ie ſuis, qu'on appelle Verbe Subſtantif. *Ie pâlis, il engraiſſe, tu*

maigris : nous courons, vous rêvez, ils meurent. Ie vai à Paris. Ie viens de Rome. Il use de bons remedes. Elle badine toujours. Nous rions de sa folie, &c.

Il est à remarquer que les Verbes de la forme neutre ont trois manieres principales de signifier. Premierement ils signifient une action immanente, de laquelle on dit absolument, *Il maigrit* ou devient maigre. *Elle meurt* ou perd la vie. *Vous rajeunissez,* ou devenez jeune de nouveau.

L'autre est une action qui ne se dit point absolument, mais qui demande toujours après soi quelque preposition de son regime. Ex. *User de vin. Abonder en fruits. Manquer de pain. Ceder au plus fort :* &c.

La troisiéme maniere est un milieu entre les deux autres, & c'est quand un même Verbe se met quelquefois absolument sans rien gouverner après soi, ou lors qu'en d'autres occasions il regit quelque

prepofition. Exemp. *Ie meurs, &
je meurs de foif. Il rougit, & il
rougit de honte. Ils rient volontiers, & ils rient de notre folie, &c.*

Il y a plufieurs de ces Verbes
dans notre Langue, dont le regime
eft fort à remarquer.

Il y a auffi une autre forte de
Verbes qu'on appelle *Communs*,
parce qu'ils font communs à la forme active & à la neutre, prenant
tantoft la fignification de l'une, &
tantoft celle de l'autre. Exemp.
Ufer un habit : *ufer d'une phrafe.*
Promener quelqu'un : *promener
avec quelqu'un.*
Courir par-tout : *courre le cerf.*
Engraiffer un cochon : *ce cochon
engraiffe à veuë d'œil.*
Rougir, rendre rouge : *rougir de
honte, ou devenir rouge.*

Outre cela nous avons des Verbes reflechis, qui fignifient une
action reflechie dans celui qui la
produit. Exemp.
*Ie m'étonne de fa patience.
Il fe fafche fans raifon.*

Vous vous affligez mal-à-propos.

Tous les Verbes Actifs fe peuvent reflechir : ce que les Grammairiens n'ont gueres bien compris.

Les Verbes qu'ils appellent *reciproques* ne font que de Verbes Actifs, dont on fe fert feulement au Pluriel pour fignifier un retour d'action d'un agent à l'autre. Ex. *Ces gens-là fe tuënt*, s'entre-tuënt, ou *fe tuënt les uns les autres.*

Nous parlerons plus au long de ces Verbes Reciproques dans la Conjugaifon des Verbes.

Nous n'avons proprement point de Verbe Paffif en notre Langue, qui differe des autres par fa terminaifon : la fignification feule en fait toute la difference.

Le Verbe Passif eft celui qui fignifie une *paffion* ou fouffrance fur le fujet qu'on appelle *patient*, lors qu'il eft dans le Cas Nominatif. Ainfi on dit, *Ie fuis aimé. Il eft puni. Nous fommes reçûs. Vous ferez pris :* &c.

La maniere parmi nous de tour-

ner la voix active en paſſive, eſt de
ſe ſervir du Verbe Subſtantif ESTRE
comme d'un Verbe Auxiliaire, en
y joignant le Participe du tems
paſſé; Ce qui vaut un Verbe Paſſif.
Exemp. *Dieu aime le Roi.* Cette
phraſe eſtant tournée à la voix paſſive ſera, *Le Roi eſt aimé de Dieu.*
Et ainſi le Nom de DIEU qui etoit
agent au Nominatif, le ſera dans
l'Ablatif; & le mot ROI, qui etoit
à l'Accuſatif, ſe trouvera au Nominatif. Je montrerai plus clairement
toutes ces differences dans la Conjugaiſon des Verbes.

DE LA FIGVRE
des Verbes.

LA FIGURE des Verbes eſt une
circonſtance qui montre leur
ſimplicité ou leur compoſition.

Les Verbes Simples ſont ceux
auſquels il n'y a point de mélange
d'aucune des autres parties du diſcours ; tels que ſont, *poſer, venir,
carrer, tenir, faire, graver.*

Les

Les Verbes Compofez font ceux qui font mêlez de quelque Adver-be, Prepofition, ou autre diction. Exemp. *Compofer, prevenir, contre-carrer, foûtenir, refaire, engraver.*

DE L'ESPECE *des Verbes.*

L'ESPECE des Verbes eft une circonftance, par laquelle on connoit fi un Verbe eft *primitif,* & ne derive d'aucun autre ; ou *deri-vatif,* & tire fon origine d'ailleurs.

Les Verbes donc felon leur efpe-ce font PRIMITIFS. Ex. *Parler, boire, fauter, manger, trembler,* &c. Ou DERIVATIFS, comme *parle-menter, buvoter, fauteler, fautiller, mangeoter, trembloter,* &c.

Je pourrois expliquer ici diver-fes efpeces de Verbes Derivatifs, comme les *Inchoatifs, Frequenta-tifs, Defideratifs, Augmentatifs, Diminutifs,* & *Imitatifs.* Mais comme la deduction de toutes ces chofes feroit plus curieufe qu'utile,

R

& qu'elle est contraire à ma brié-
veté, je me contenterai d'en avoir
parlé en passant, & de dire que
bien qu'en notre Langue nous
n'ayons pas des terminaisons differentes, pour montrer toutes ces
diverses especes de Verbes; neanmoins nous avons des manieres de
nous exprimer, qui leur sont equi-
valentes.

DU MODE.

LE MODE est une circonstance
du Verbe, qui en exprime les
manieres differentes.

Selon cette idée les Modes sont
directs ou *obliques*.

LES MODES DIRECTS sont ceux
dont on se sert pour parler directe-
ment, simplement & absolument,
sans des liaisons necessaires avec
d'autres Modes, des Adverbes, où
des Conjonctions.

Il y a dans la conjugaison deux
Modes Directs, qui sont l'*Indicatif* & l'*Imperatif*, & quatre obliques, à savoir *le Conditionnel*,

l'*Optatif*, le *Subjonctif*, & l'*Infi-nitif*.

Il n'y a rien dans la Grammaire Françoise qu'on ait plus mal enten-du que le nombre & l'ordre des Modes. Tout cela est fort confon-du dans les Grammaires; & j'ai esté long-tems à examiner cette matie-re sans y rien voir de bien clair : Mais enfin, aprês une longue me-ditation, je crois avoir trouvé la lumiere que je cherchois, & la pou-voir communiquer aux autres.

Les MODES OBLIQUES sont ceux qui sont toujours suivis de quelque condition ou circonstance, & qui n'établissent presque rien de parfait sans le Mode absolu dont ils dependent.

DU TEMS DES MODES.

CHaque MODE a un certain nombre de tems, les uns plus, les autres moins; mais l'Indicatif en a plus que tous les autres. On lui en donne ordinairement six dans

R ij

notre Langue; mais je trouve qu'on s'est trompé, & qu'il en a davantage. Ce que je ferai voir dans la Conjugaison.

DE LA PERSONNE
des Verbes.

LEs personnes des Verbes font trois au Singulier, qui en ont autant au Nombre Pluriel.

La premiere est celle qui parle. Exemp. *Ie porte.*

La seconde est celle à qui l'on parle. *Tu portes.*

La troisiéme est celle de qui l'on parle. *Il porte.*

Chacune de ces personnes a son Pluriel, qui garde le même ordre. Exemp. *Nous portons, Vous portez, Ils portent.*

La premiere & la seconde personne font des deux Genres, & dans le François on n'a point fait de difference en cela, comme en certaines Langues, où toutes les personnes font distinguées par genres. On ne l'a pas fait, parce qu'il n'estoit pas absolument necessaire, & que celui qui parle sait de quel sexe il est. Il en sait autant de celui auquel il parle. Mais pour la troisiéme personne, comme elle est le plus souvent absente, on a esté obligé d'y faire une distinction de genre dans le Pronom. Et ainsi on dit, *il aime*, *ils aiment: elle aime, elles aiment.*

DV NOMBRE
des Verbes.

LE Nombre est le Singulier, qui se dit d'une seule personne. Exemp. *il aime:* & le Pluriel, qui se dit de deux ou de plusieurs personnes. Exemp. *ils aiment.*

DES VERBES
Auxiliaires.

AVant que de s'engager dans la Conjugaison, il sera bon de dire ici que nos Verbes ne se peuvent conjuguer dans tous leurs tems fans l'aide de ceux que nous appellons Auxiliaires.

Ces Verbes font trois principaux en nombre, AVOIR, ESTRE, & DEVOIR. Si on les confidere en eux-mêmes, on trouvera qu'ils font des Verbes complets & abfolus, defquels *avoir & devoir* font de la forme active; & *eftre*, Verbe fub-ftantif, de la neutre. Mais par une maniere groffiere venuë du Nord on s'eft accoûtumé à mêler ces Verbes, *comme auxiliaires*, à divers tems de ceux que l'on conjugue, & alors ces Auxiliaires ne fignifient rien d'eux-mêmes, & ne fervent qu'à diftinguer les tems des Verbes aufquels on les a mêlez. Ainfi dans cet exemple, *l'ai porté*, J'AI ne fignifie rien; mais etant joint avec *porté*, il fignifie *portavi*. Dans cet autre exemple, *Nous fommes aimez,* SOMMES ne fignifie rien; mais etant joint avec le Participe paffif, tout cela fignifie *amamur*. Dans ce dernier, *Ie dois par-*

tir demain, DOIS ne fignifie rien ; mais etant joint avec l'Infinitif *partir*, tout cela fignifie, *Abiturus fum cras.*

On verra ces Auxiliaires dans les endroits de la Conjugaifon, où ils doivent être placez.

DE LA CONJUGAISON.

LA CONJUGAISON eft une maniere de joindre & de tourner les diverfes parties du Verbe par Modes, par tems, par nombres & par perfonnes.

La Conjugaifon eft *Reguliere* ou *Irreguliere.*

Les Verbes REGULIERS font ceux qui fe conjuguent felon la regle établie.

Les IRREGULIERS font ceux qui s'écartent de la regle commune, pour fuivre d'autres voyes particulieres.

La Conjugaifon des Verbes, dans notre Langue, eft de quatre fortes, chacune defquelles a fon

caractere particulier qui la diftingue des autres.

La premiere fait l'Infinitif
La feconde
La troifiéme
& La quatriéme

en $\begin{cases} er. \\ ir. \\ oir. \\ re. \end{cases}$

Exemp. *Porter, bannir, recevoir,
peindre.*

Je prendrai chacun de ces Verbes
à-part, pour en faire voir la Conjugaifon reguliere.

Les Verbes de la premiere Conjugaifon ont leur Mode Infinitif
terminé en (er) Ex. *Aimer, porter,
enfeigner,* &c.

Comme les Modes directs font
les plus nobles & les plus abfolus,
c'eft auffi pour cette raifon qu'on
les met à la tefte de la Conjugaifon, & que l'on commence par
l'Indicatif, qui eft le plus étendu &
qui regne ordinairement dans le
difcours. Quand on commença de
faire des Grammaires Françoifes,
on ne donna d'abord que cinq tems
à ce Mode : en quoi l'on fuivit
l'exemple de la Langue Latine, qui

n'en a pas davantage : & cela fe fit
fans confiderer que la notre en a
beaucoup plus.   Enfuite on y en
ajouta un autre, qu'on a depuis appellé *le tems defini ,*   qui eft fort
frequent & fort remarquable dans
notre Langue : & depuis ce tems-là
quelques Grammairiens y ont ajouté un tems compofé. Mais tout cela
s'eft fait avec peu de clarté , & les
Grammairiens n'ont guere bien
compris quelle etoit en cela la conftitution & le genie particulier de
notre Langue, ni de quelle maniere
on devoit regler le nombre & l'ordre des Modes & des Tems. Si on
eut bien confideré que le François
derive de la Langue Latine principalement, & en partie de la Langue
Allemande ; on auroit trouvé , que
dans la conjugaifon des Verbes &
dans la formation des Tems , il les
imite toutes deux ; que dans tous
les Modes il y a un certain nombre
de Tems fimples , qui fe forment à
l'exemple des Latins ; & qu'il y a
d'autres Tems compofez des Ver-

bes auxiliaires, qu'on a imité des Allemans.

Dans le Mode Indicatif il y a quatre de ces Tems simples, & quatre de composez, que je separe les uns des autres pour donner plus de jour à la Conjugaison, & faire voir distinctement quelle est en cela la veritable constitution de notre Langue, qui outre les Tems composez, a tiré des Allemans la maniere de mettre des Pronoms personnels devant toutes les personnes des Tems, lors que le Nom n'y est point exprimé.

Les quatre Tems simples sont Premierement *le Présent*, qui signifie le moment auquel on fait quelque chose, ou duquel on se sert ordinairement dans une pareille circonstance. Ex. *Ie porte, tu parles, il chante* : &c.

Le second Tems simple est nommé *imparfait*, parce qu'il signifie une action commencée, mais qui n'a pas esté achevée. Exemp. *Ie parlois* de votre affaire à votre

Avocat, quand votre partie eſt venu m'interrompre. *C'eſt-à-dire,*
j'etois occupé à parler de votre affaire. *Nous chantions* une chan-
ſon nouvelle, lors que tout-à-coup
nous entendîmes un grand bruit
près de nous.

Quand *vous etiez* jeune, *vous etiez*
un des plus vigoureux hommes du
monde, *vous chantiez, vous dan-
ciez, & vous faiſiez* toutes ſortes
d'exercices admirablement bien.

Ce Tems imparfait ſe forme de
la ſeconde perſonne du Nombre
Pluriel, en changeant la terminaiſon εz ou *és* en *ois* dans le Singulier : & c'eſt ainſi qu'on l'écrit encore. Exemp. Vous *portez* ou *por-
tés,* d'où ſe forme *Ie portois.*

Mais parce que cette diphtongue
ois eſt deſagréable, & qu'elle eſt
trop frequente dans ce Tems &
dans l'Imparfait du conditionnel *Ie
porterois,* & qu'elle ſe trouve dans
ces Tems dans toutes les Conjugaiſons, on en a rejetté l'uſage dans
le diſcours ordinaire, & on la pro-

nonce aujourd'hui comme un (è)
ouvert. Ainſi pour *Ie portois*, on
prononce comme ſi l'on ecrivoit,
Ie portês.

Et comme cette derniere façon
d'ecrire s'accorde mieux avec la
prononciation moderne, & qu'elle
eſt plus nette & plus commode ; il
ſeroit à ſouhaiter, que dans une
choſe arbitraire, comme eſt cette
terminaiſon, on voulût s'accoutumer à écrire

Je portês	Je porterês
Il parlet	Il parléret,

au lieu d'ecrire

Ie portois	*Ie porterois*
Il parloit	*Il parleroit.*

Cela ne changeroit rien dans l'etymologie des Verbes, & rendroit
aſſurément notre orthographe plus
nette & plus facile. On en pourroit faire autant dans la troiſiéme
perſonne du Nombre Pluriel de ces
Tems imparfaits où l'on voit quatre letres inutiles qui ne ſe prononcent jamais, & qui rendent notre
orthographe difficile & ridicule.
Ainſi

Ainſi au-lieu d'ecrire
ils portoient, *ils porteroient;*
on pourroit ecrire fort diſtinctement, & beaucoup plus nettement,
ils portêt, *ils porterêt.*

Ce changement me paroît ſi raiſonnable, que j'oſe dire & prédire
ici, qu'il paſſera avec le tems malgré les oppoſitions des gens trop
ſcrupuleux & trop obſtinez à conſerver les coutumes anciennes, qui
maintenant me ſemblent fort in-
commodes & fort peu ſenſées. Comme l'experience m'a fait voir que
la vieille orthographe donne beaucoup de peine à ceux qui apprennent à lire, & ſur-tout aux Etrangers qui s'attachent à notre Langue; en faveur de ces perſonnes,
je me ſervirai de la nouvelle dans
la conjugaiſon des Verbes, & me
contenterai de marquer la vieille à
coté en caracteres Italiques, en
cette maniere:

Je portês *ois,* il portet *oit*
Ils portêt *oient,* ils porterêt *oient.*
On peut mettre un accent circon-

flexe sur les dernieres syllabes de la premiere & seconde personne du Singulier „ & sur la troisiéme du Pluriel, parce que ces syllabes sont longues par nature, & qu'elles sont le siege de l'accent; mais on ne le peut faire legitimement sur la troisieme personne du Singulier, parce qu'elle est breve. S'il etoit necessaire d'y mettre un accent, il faudroit que ce fût un aigu; mais il n'y a nulle necessité d'y en mettre aucun.

Le troisiéme Tems simple est appellé *defini*, parce qu'il sert à marquer un tems précis & determiné, qui signifie une unité d'action accompagnée de quelque circonstance particuliere. Ex. Je parlai *hier à Monsieur vostre pere, & je* lui racontai *toute mon avanture. Ap* ês cela nous parlâmes *de vous, &* nous conclûmes *qu'il etoit necessaire de vous établir chez le Roi.* On peut voir par ces exemples, que ce Tems signifie une action parfaite & déja passée, &

qu'elle eſt determinée par l'Adverbe de tems *hier.*

Comme on ſe ſert beaucoup de
ce tems defini dans les narrations,
quelques-uns l'ont appellé *narratif*
ou *hiſtorique* , parce qu'il regne
dans le recit des choſes paſſées : mais on ne s'en ſert jamais pour
exprimer les actions qui ont eſté
faites dans le jour auquel on parle.
Il ſe forme de la premiere perſonne
de l'Imparfait , en changeant la
ſyllabe (*oi*) en (*ai*) qu'on prononce toujours comme un (ε) maſculin;
& au-lieu de *Ie portai* , on prononce *Ie porté.* Quelques Auteurs
l'ont même écrit de cette maniere;
& j'eſpere que leur exemple ſera
ſuivi , par les mêmes raiſons que
j'ai alléguées cy-deſſus.

Le quatriéme Tems ſimple eſt *le*
Futur, dont on ſe ſert pour exprimer les choſes à venir. Il ſe forme
de l'Infinitif, en y ajoutant la diphthongue (*ai*) qu'on prononce toûjours comme un (ε) maſculin ; &
en changeant cet (ε) maſculin de

la penultieme en (e) feminin, pour prononcer tout le mot avec plus de rapidité. Exemp. *Ie porterai* ou *porteré*. Il feroit à fouhaiter qu'on voulût changer cette diphthongue douteufe (*ai*) en (é) mafculin, parce qu'elle fe prononce diverfement en plufieurs mots, & qu'elle n'eft nullement neceffaire dans la terminaifon de ce tems.

Il faut remarquer ici, que la feconde perfonne du Nombre Singulier de ce Tems futur eft toûjours terminée en âs, & la troifieme en (a) dans toutes les conjugaifons; & que la voyelle (a) eft toujours longue dans la feconde perfonne, & breve dans la troifieme : ce que je marque par ces deux figures differentes (â) *long* & (a) *bref.* Ex. *Tu porterâs, Il portera.*

Outre ces quatre Tems fimples que je viens d'expliquer, il y en a dans l'Indicatif quatre autres compofez des quatre Tems fimples du Verbe Auxiliaire *avoir,* & du Participe paffif du Verbe qu'on veut conjuguer. Exemp.

$$\left.\begin{array}{l} \textit{J'ai} \\ \textit{J'avois} \\ \textit{J'ûs} \\ \textit{J'aurai} \end{array}\right\} \text{porté}$$

Les Verbes auxiliaires, entant qu'auxiliaires, ne fignifient rien ; mais etant joints avec un Participe paffif, ils fervent à exprimer des tems & des actions déjà paffées. Avant que montrer cette compofition, il eft neceffaire d'apprendre les Tems fimples de ces auxiliaires, & de commencer par ceux du Verbe *avoir* dans le Mode Indicatif.

Tems Prefent.

J'é *ai*, tu âs, il a,
Nous avons, vous avez, ils ont.

Imparfait.

J'avês *ois*, tu avês *ois*, il avet *oit*,
N. avions, v. aviez, ils avêt *oient*.

Defini.

J'ûs *eus*, tu ûs *eus*, il ut *eut*.
N. ûmes, v. ûtes, ils ûre-*nt*.

Futur.

J'auré *ai*, tu aurâs, il aura,
N. aurons, v. aurez, ils auront.

Si l'on ajoute à quelqu'une des personnes de ces quatre Tems simples le Participe passif d'un Verbe, de quelque conjugaison qu'il soit, on en forme autant de Tems composez, qui signifient des actions passées, & sont de veritables Preterits composez. Exemp.

J'é *ai*   porté,
tu avês   reçu,
il ut   banni,
nous aurons peint.

Tous ces Tems composez ont une signification passive ou neutrale, comme les Verbes qu'ils representent, & marquent des Tems differens.

Le premier Tems composé, qu'on appelle ordinairement *Preterit parfait*, sert à exprimer une action faite dans le jour present & dans lequel on parle. Exemp.

J'ai donné *ce matin vostre letre à Madame*. Nous avons dîné *aujourd'hui ensemble votre frere & moi*. *Ie sai que cette aprêsdinée* vous avez parlé *de moi*, &c.

Toutes les actions parfaites du jour même dans lequel on parle, s'enoncent par ce premier Tems composé, qu'on pourroit auſſi appeller Preterit composé.

On s'en ſert auſſi pour marquer une action paſſée ſans determiner aucun jour ou autre tems precis. Ex. *Iai veu le Roi plus de cent fois en ma vie. Ie n'ai jamais eſté à Paris. Les Romains ont ſurpaſſé toutes les Nations du monde par la gloire de leurs actions. Cette année a eſté remarquable par pluſieurs grands evenemens. Ie me ſuis bien porté, tout cet eſté.*

Le ſecond Composé, qu'on appelle ordinairement *Plus que parfait*, ſert à marquer une action qui a precedé le tems auquel on parle, ſans determiner un tems precis. Exemp. *I'avês pris de bonnes meſures avant que de m'engager dans cette affaire. Nous avions déja reçu cette nouvelle, avant que le Public la ſût. Aviez-vous jamais oüi parler de cet homme, avant* que nous vous l'uſſions fait voir?

Le troiſiéme Tems compoſé, qu'on peut proprement appeller *defini-compoſé*, parce qu'il retient beaucoup de la nature du defini-ſimple, ſert auſſi à marquer une action precedente, mais d'une maniere preciſe & determinée. Ex. *Nous eumes achevé* notre ouvrage dans trois heures de tems. *Dés que j'eus appris* cette nouvelle, j'en ecrivis à la campagne. Quand nôtre General *eut aſſemblé* le Conſeil de guerre, & *deliberé* quelque tems s'il pourſuivroit les ennemis, il reſolut de les aller attaquer dans leur retraite.

On ſe ſert ordinairement du defini compoſé aprês ces Adverbes de temps: *Quand, lors que, auſſi-tôt que, d'abord que, dés que, aprês que, dés le moment, l'heure, le jour que, &c.*

Le quatriéme Tems compoſé, qu'on peut appeller *Futur parfait* ou *Futur compoſé*, ſert à marquer une action future, mais achevée.

Ex. *J'aurai fait* dans un moment
si vous voulez avoir patience.
Les ennemis *n'auront pas manqué*
de se servir de cet avantage.
Nous vous payerons *quand nous
aurons reçu* notre argent.

Ce tems se trouve fort souvent
aussi aprês les Adverbes de tems,
quand, *dês que*, & autres dont j'ai
parlé ci-dessus.

La plupart des Grammairiens
confondent ces deux derniers Tems
composez dans les Modes obliques; mais ils ne savent pas bien
en cela ce qu'ils font, & ne consi-
derent pas que ces Tems servent
ordinairement à marquer des
actions directes.

Outre ces quatre Tems composez du Mode Indicatif, il semble
qu'il y en ait un autre doublement
composé, dont voici quelques
exemples. On dit qu'il *a eu fait*
dans deux heures de tems.
Il a eu diné avant que nous ayons
pû nous rendre chez lui, &c.

Mais comme l'usage de ce double

compofé eft rare, & que tout le
monde n'en convient pas, je n'ofe-
rois l'établir dans la conjugaifon.
Cependant il faut remarquer que
les Tems compofez des Modes
obliques ont, à peu-près, la même
fignification que ceux des Modes
directs, & qu'on s'en fert d'une
maniere fort femblable. Ex.
I'aurois reçû des nouvelles de mon
païs, fi le tems *n'eut pas efté* fi rude.
I'ai acheté plufieurs marchandifes:
Dieu veüille que *j'aye fait* une
bonne emplete. Plût à Dieu que
j'ûfe appris cette nouvelle.
Ie ne puis pas me mettre en chemin avant que *j'aye fait* provifion
de toutes les chofes neceffaires
pour mon voyage. *S'ils uffent
parlé* de vous autrement qu'avec
eftime, *ils auroient fait tort* à leur
jugement. *Après avoir perdu* mon
bien, *il me faudra perdre* encore
l'honneur & la vie, *&c.*

Remarquez ici que le Mode Indicatif fert dans trois ufages differens; *à favoir* dans l'Affirmation,

dans la Negation, & dans l'Interrogation, d'une maniere directe &
absolüe.

DU MODE IMPERATIF.

L'Imperatif est le second Mode
direct, & l'on s'en sert pour
commander, ou pour deffendre.
Il n'a qu'un Tems qui sert au Present & au Futur; car on le peut
concevoir comme servant à ces
deux Tems. Il n'a point de premiere personne au Singulier, parce
qu'on ne se commande pas soi-
même, mais on suit ses propres
mouvemens. On ne s'en sert point
aussi dans l'Interrogation, parce
qu'on sent ce qu'on desire, & que
ce Mode n'ayant esté fait que pour
commander, & pour defendre, il
n'est nullement propre pour inter-
roger. Il se forme dans la premiere conjugaison du Present de l'Indicatif, en otant les Pronoms de la
premiere & de la seconde personne, & ajoutant la particule (*que*)

à la troisieme dans l'un & dans l'autre Nombre, comme on pourra voir dans les Tables de la Conjugaison.

DV
MODE CONDITIONEL.

UN Grammairien a donné le nom de conditionel à ce Mode, parce que le plus souvent il est precedé ou suivi de la particule conditionnelle (*si*) dans le second membre des periodes où il se trouve. Exemp.

Je vous *accorderois* l'effet de vos demandes, si elles etoient justes. Si vous aviez une fortune proportionnée à votre merite, je suis persuadé que vous *en useriez* bien.

Les Auteurs confondent ordinairement ce Mode dans l'Optatif ou dans le Subjonctif, quoi-qu'il soit d'une nature differente, & qu'il approche fort des Modes directs. Il sert dans l'Affirmation, dans la Negation, & dans l'Interrogation, comme l'Indicatif; mais il ressemble

ble plus à l'Optatif en fignification,
qu'à ce premier Mode direct. Auffi en approche-t-il plus en dignité
qu'aucun des Modes obliques : &
c'eft pour cette raifon que je le
mets à leur tête. Il derive dans toutes les Conjugaifons du Futur de
l'Indicatif, en changeant la diphthongue *ai* en *ois*, & prononçant
cette derniere comme un (e) ouvert, de-même que dans l'Imparfait
de l'Indicatif. Et ainfi de *le porte-*
rai, derive Je porterês, *ois* : il por-
teret, *oit* : &c.

Il n'a que deux tems, à favoir un
Imparfait fimple, & un Preterit
compofé de l'Imparfait fimple du
Verbe auxiliaire dans le même Mode, & du Participe paffif du Verbe
que l'on conjugue. Exemp.
Je porterês, J'aurês porté, &c.

Pour faire voir que ce Mode eft
diftinct & different de l'Optatif &
du Subjonctif, je ne dirai autre
chofe finon qu'il n'eft pas fi oblique dans fa fignification, & qu'il
ne fe conftruit jamais avec aucun

T

des Adverbes qui precedent l'Optatif, ou qui gouvernent le Subjonctif. Neammoins les Etrangers ſuivant en cela la ſyntaxe Latine, le conſtruiſent le plus ſouvent avec la particule (ſi) immediatement jointe avec ce Mode. Exemp.
Si je vous *donnerois* mon cœur, POUR Si je vous *donnois* mon cœur. Si *j'aurois ſû* cette nouvelle, POUR, Si *j'avois ſû*, ou, Si *j'uſſe ſû* cette nouvelle, &c. Il faut donc les avertir ici, que cette conſtruction n'eſt pas Françoiſe, & que la particule (ſi) ſe joint immediatement avec l'Imparfait du Mode Indicatif, ou avec le ſecond compoſé du Subjonctif, & jamais avec le conditionel.

Le ſeul Adverbe *quand* ſe joint avec ce Mode en la maniere ſuivante:

Quand je donnerois tout mon bien pour acquerir voſtre amitié, *je ne ſaurois l'obtenir*. C'eſt-à-dire, *ſi je donnois tout mon bien*.
Quand il auroit ſacrifié ſa vie pour

le ſervice de ſon Prince, *il n'auroit
fait* que ſon devoir. C'eſt-à-dire,
s'il avoit ſacrifié, &c.

Quelquefois on ſe ſert elegamment du conditionel au-lieu de
l'Optatif. Exemp.

I'expoſerois volontiers ma vie pour
le ſervice de mes amis.

Il voudroit bien les tirer de leur erreur ; mais cela eſt impoſſible.

Ie ſouhaiterois qu'on vous recom-
penſât ſelon votre merite.

DU MODE OPTATIF.

L'OPTATIF, ou Mode de ſouhaiter, ſert à exprimer un deſir
qu'on a, que quelque choſe ſoit,
qu'elle fût ou qu'elle arrivât. On
ne s'en ſert que dans l'affirmation
& dans la negation, & jamais dans
l'interrogation, & l'on met toujours devant lui l'un de ces deux
Adverbes, *Plût à Dieu que*, ou
Dieu veüille que. Il n'a point de
Tems preſent, quoi-qu'en diſent
les Grammairiens, parce qu'on ne

desire jamais de posseder les choses presentes comme presentes, ni de posseder ce qu'on possede déja. Ce Mode n'a donc que quatre Tems, deux simples & deux composez. Son Imparfait & son Futur sont simples, & ses deux Preterits sont composez.

L'Imparfait se forme dans toutes les conjugaisons de la seconde personne du Nombre Singulier du defini de l'Indicatif, en y ajoûtant (*se.*) Exemp. *Tu portas,* plût à Dieu que *je portasse. Tu bannis,* plût à Dieu *que je bannisse. Tu reçûs,* plût à Dieu que *je reçusse. Tu peignis,* plût à Dieu que *je peignisse,* &c.

Son Tems futur se forme dans toutes les conjugaisons de la troisiéme personne du Nombre Singulier de l'Imperatif, sans y rien changer. Exemp. Qu'il *porte, bannisse, reçoive, peigne.*

De cette troisiéme personne de l'Imperatif se forme la premiere

perſonne du Futur de l'Optatif, &
du Preſent du Subjonctif. Ex.
Dieu vueille que, *ou* Bien que *je*
porte, *je banniſſe*, *je reçoive*, *je*
peigne.

Les deux Tems compoſez de ce
Mode ſe forment du Preſent & de
l'Imparfait de l'auxiliaire du même
Mode joints au Participe paſſif. Ex.
Dieu vueille que *j'aye porté*, *ban-*
ni, *reçû*, *peint*.
Plût à Dieu que *j'ûſſe porté*, *ban-*
ni, *reçû*, *peint*.

Remarquez que l'adverbe ou
conjonction, *Plût à Dieu que*, ne
ſe met jamais que devant l'Imparfait ſimple & devant le ſecond Preterit compoſé du Mode Optatif;
& la conjonction *Dieu vueille que,*
ſeulement devant le Futur ſimple,
& le premier Preterit compoſé. Ex.

Plût à Dieu que $\begin{cases} je\ portaſſe \\ j'euſſe\ porté, \&c. \end{cases}$

Dieu vueille que $\begin{cases} je\ porte \\ j'aye\ porté, \&c \end{cases}$

DU MODE SUBJONCTIF
ou Conjonctif.

LE Mode Subjonctif eſt le plus oblique de tous les Modes, & ne va jamais ſeul ; mais il eſt toujours joint à quelqu'autre Mode duquel il dépend, & ſans lequel il ſuſpend toujours le ſens & ne conclud rien de lui-même. Il a les mêmes tems & les mêmes formations ou terminaiſons que l'Optatif, & n'en diffère qu'en ſignification & en ordre de Tems.

Il a un Tems Preſent, qui ſert auſſi au Futur, & qui eſt le même que le Futur de l'Optatif, & ſuit le même ordre que ce dernier Mode dans les autres Tems, ſans rien changer dans les adverbes ou conjonctions qui le gouvernent. Ex.

Au Preſent.

Bien que *je porte, je banniſſe, je reçoive, je peigne.*

A l'Imparfait.

Bien que *je portâſſe, je banniſſe, je reçûſſe, je peigniſſe.*

Aux Preterits Composez,

Bien que *j'aye* ou *j'ûsse* porté, banni, reçû, peint.

Les huit adverbes ou conjonctions suivantes gouvernent toujours le Mode Subjonctif dans tous ses Tems. Exemp.

Bien que {je porte
quoi que {je portasse.

encore que
afin que   porté
pourvû que j'aye {banni
à-moins que j'ûsse {reçû
sans que   peint, *&c.*
avant que

Mais c'est mal-parler que de dire *auparavant que;* quoi-que plusieurs personnes, & même des gens d'ailleurs assez polis, se servent souvent de cet Adverbe, qui est toujours relatif & absolu. Exemp.

A cette heure je sai la verité, mais je ne la savois pas *auparavant.*

J'aurois pris cette voye, si j'y eusse pensé *auparavant.*

Il ne fut point surpris de cette nouvelle; car il avoit prevû long-tems

T iiij

auparavant que cela arriveroit, &c.

On se sert aussi de ce Mode dans l'interrogation, la negation, & aprês plusieurs Verbes impersonnels. Ce que je ferai voir dans la Syntaxe.

Pour ce qui est du Mode Potentiel, qu'on trouve dans quelques Langues ; on peut dire que la notre n'en a point qui soit distinct des autres Modes par des terminaisons ou par des conjonctions prepositives. Mais on se sert souvent du Verbe *pouvoir*, qui etant joint avec un autre Verbe, lui sert quelquefois d'auxiliaire dans l'idée du potentiel. Exemp.

Que *peut-on attendre* de genereux d'un Prince plongé dans les ordures du vice ? Nous *pouvions bien croire* que cela nous arriveroit.

On ne *peut que languir* dans une si longue attente. *Il peut se resoudre à mourir*, puisque son mal est sans remede, &c.

Le Mode potentiel est peu distinct des autres, & n'est de nulle importance parmi nous.

DV MODE INFINITIF.

LE Mode Infinitif a une signification indeterminée qui ne
marque aucune circonſtance de
nombre ni de perſonnes. C'eſt
pourquoi quelques-uns l'ont appellé *Mode imperſonnel.* Il ſe
conſtruit facilement avec tous les
autres Modes, & n'eſt determiné
que par eux. Exemp.

Avec l'Indicatif.
Ie veux
Ie voulois
Il voulut }parler.
Elle voudra

Avec l'Imperatif.
Va
Qu'il aille }dormir.
Allons
Venez.

Avec le conditionnel.
Ie voudrois
I'aurois voulu }ſavoir.

Avec l'Optatif.

Plût à Dieu que {je puſſe / ou que / j'uſſe pû} porter

Dieu vueille que {je puiſſe / ou qu'il / ait pû} porter

Avec le Subjonctif.

Bien que {je vueille / vouluſſe / j'aye voulû / j'uſſe voulû} bannir.

Quelquefois le Mode Infinitif eſt redoublé, & ſe joint au même Mode de certains Verbes, qui dans notre Langue font une éſpece de Verbes auxiliaires. Exemp.

aller   voir
envoyer   ſavoir
laiſſer   venir   } prendre.
pouvoir   ſentir
vouloir   faire

J'ai déja dit, que ce Mode porte dans ſa terminaiſon un caractere par lequel on diſtingue les conjugaiſons les unes des autres : & j'ajoute ici qu'il y a un certain nom-

bre de prepofitions qui fe conftruifent avec lui, par le moyen defquelles nous exprimons tout ce que
les Latins pouvoient fignifier à
l'aide de leurs Gerondifs, de leurs
Supins, de leurs Participes, & de
leur Ablatif abfolu.

Ces Prepofitions font les fix qui
fuivent, dont les cinq premieres fe
conftruifent avec l'Infinitif fimple,
& la derniere, à favoir (*aprês*) avec
le compofé. Exemp.
De porter, *à* bannir, *pour* recevoir,
par boire, *fans* contraindre, *aprês*
avoir parlé.

La Prepofition (*de*) fert à trois
ufages principaux. Quelquefois elle
n'eft qu'expletive, & ne fignifie
rien. Exemp.
Je vous prie *de* confiderer la juftice de ma caufe. Souhaitez-vous
de voir la maifon du Roi? On nous
a ordonné *de* partir demain : &c.

Il eft vrai qu'on peut dire, que
dans ces exemples, & autres femblables la prepofition (*de*) n'eft pas
fimplement expletive, mais qu'elle

signifie quelque chose, comme si
l'on disoit :

Je vous prie *de cela*, que vous
considériez que ma cause est juste.
Souhaitez-vous *ceci*, ou *cette chose*, qui est, que vous puissiez voir
la Maison du Roi? On nous a
ordonné *cela*, qui est, que nous
partions demain.
Mais ces façons de parler sont dures & hors d'usage.

Comme devant les Noms on se
sert de la Preposition (*de*) pour
marquer le Cas *Genitif* ou *posses-
sif*, on en fait autant devant les
Verbes. Ce qui répond au *Gerondif* en (*di*) des Latins. Exemp.
L'art *de parler* est propre à l'homme. Cette maniere *d'agir* est
obligeante. Nous avons une ferme esperance *d'obtenir* de la grace
de Dieu le pardon de nos pechez.

Par ces exemples, les personnes
habiles pourront voir clairement
que la Preposition (*de*) jointe avec
l'Infinitif des Verbes repond au
Gerondif en (*di*) des Latins : &
c'est

c'eſt ſon ſecond uſage.

Son troiſieme eſt de ſignifier dans le Cas Ablatif devant le Verbe, comme devant le Nom, Ex.

Nous venons *de joüer* à la paume.

Quatre heures viennent *de ſonner.*

Elle a peur *de mourir.*

Nous ſommes las *de travailler.*

Je n'ai garde *de faire cela.*

Il veut nous empêcher *de rire:* &c.

Les Latins ſe ſervent ſouvent dans ces occaſions de leur Supin en (*u*) ou d'autres moyens, pour exprimer leurs penſées.

La Prepoſition (*à*) ſert à divers uſages dans notre Langue , & ſe conſtruit avec l Infinitif dés Verbes comme avec le Nom, où le plus ſouvent elle marque le Datif. C'eſt à-peu-prés dans l'idée de ce Cas que l'on dit, *Se reſoudre à mourir. S'occuper à écrire ,* &c.

Si l'on joint un Nom , au-lieu d'un Verbe, à la prepoſition (*a*). elle ſera le ſigne d'un Datif. Ex. *Se reſoudre à la mort. S'occuper à l'écriture.*

V

Quelquefois la Prepofition (*à*) conftruite avec le Verbe, répond à la Prepofition des Latins (*ad*) & d'autres fois à leur Participe en (*dum.*) Exemp.

Ce grand Prince a laiffé à fes fucceffeurs de beaus exemples *à imiter.*
Ce bois eft propre *à conftruire* des vaiffeaux. Cela eft bon *à dire,* mais non-pas *à faire.*
Les bons exemples font *à fuivre,* & les mauvais *à eviter,* &c.

Quelquefois la Prepofition (*à*) conftruite avec le Verbe, a une fignification paffive. Exemp.
C'eft un homme *à roüer* de coups.
La guerre eft *à craindre,* & la paix *à fouhaiter.*

Quelquefois cette Prepofition répond au Participe Futur des Latins terminé en (*urum*) Exemp.
Ce tems eft encore *à venir.*
Cet enfant eft encore *à naitre.*

Quelquefois elle répond à la Prepofition Latine (*in*) Exemp.
Salomon fut long-tems *à conftruire* le Temple.

Les Grecs mirent dix ans *à prendre* Troye, &c.

On se sert fort elegamment de la Preposition (*à*) en plusieurs manieres, soit devant le Nom ou devant le Verbe. Ce que les exemples suivans feront voir clairement. Un collet *à dentelle.* Du papier *à écrire.* De la toile *à faire* des chemises. Pourquoy vous amusez-vous à chicaner ? Une selle *à tous* chevaux. Un pot *à l'eau.* Du bois *à brûler.* Une soupe *à l'oignon.* Un homme *à bonnes fortunes.* Les bêtes *à quatre pieds.* Un discours *à perte de vûe.* Il a des enfans *à nourrir.* Cela est difficile *à croire.* C'est un discours *à surprendre* tout le monde. De la viande *à rotir.* C'est une chose *à voir,* un livre *à lire* & *à garder,* une maison *à loüer.* Un bâton *à deux bouts.* Un chien *à trois têtes.* Je vous serai fidele *à vivre* & *à mourir.* Commencer *à connoitre* la verité. Chercher *à quereller.* Songer *à bien vivre.* Quand il vint *à se repentir.*

Quand il vint *à parler* de nous.
Cette Dame est belle *à peindre*.
Elle chante *à miracle*.
Parler *à bâtons rompus*.
Marcher *à pas comptez*, &c.

La Preposition (*pour*) marque ordinairement la fin pour laquelle on fait quelque chose. Exemp. Je viens ici *pour* vous avertir d'un dessein qu'on a contre vous. Dites-vous cela *pour* me choquer ? Il fait cela *pour* se faire admirer, *pour* se faire craindre, *pour* gagner de l'argent, *pour* avancer sa fortune, *pour* nous tromper, *&c.*

Cette Preposition sert encore à divers usages differens, comme on pourra voir par les exemples qui suivent. Dieu n'est pas homme *pour* mentir, ni fils de l'homme *pour* se repentir. Les ennemis ne sont pas assez forts *pour* nous battre. Cet homme est assez méchant *pour* avoir fait ce crime. Vous êtes trop honnête *pour* perdre le respect aux Dames. Me croyez-vous assez savant *pour*

repondre à toutes ces objections ?
Pour vous dire la verité. *Pour* ne
pas vous amuser en vaines promesses. Ne soyez pas assez facile
pour vous engager dans des affaires si épineuses. Cela ne suffit pas
pour me rendre heureux. *Pour* re-
prendre le fil de mon discours.
Pour ne pas vous ennuyer par de
longues repetitions. Le croyez-
vous assez franc *pour* vous avoüer
la verité ? Il a esté condamné *pour*
avoir osé dire beaucoup de choses
contraires au respect qu'on doit au
Gouvernement. Je suis aujour-
d'hui indigent *pour* avoir esté trop
liberal. Il m'est venu trouver *pour*
que je luy découvrisse votre dessein. *C'est-à-dire*, afin que je lui
découvrisse votre dessein.
On cede beaucoup de son droit
pour se mettre en repos. Il n'est
pas assez habile *pour* que nous lui
confions nos affaires ? &c.

La Preposition (*par*) se construit
aussi quelquefois avec l'Infinitif
des Verbes : mais l'usage n'en est

pas si frequent que celui des autres prepositions; & l'on ne s'en sert ordinairement qu'aprés le Verbe *commencer*. Exemp.

Il a commencé son repas *par boire*. Nous avons beaucoup de choses à faire; commençons *par examiner* les plus difficiles. Il commença son discours *par nous avertir* que.

Si vous voulez que nous soyons amis, commencez *par me payer* ce que vous me devez, &c.

La Preposition (*sans*) se construit frequemment avec l'Infinitif des Verbes, & l'usage en est trêscommode & tres-elegant dans notre Langue. Les exemples suivans feront voir clairement de quelle maniere on s'en sert.

L'Amour se fait entendre *sans rien dire*. On ne peut vivre *sans respirer*. Peut-elle dire cela *sans rougir?* Il s'en est allé *sans nous dire* Adieu. On ne peut opprimer l'innocence *sans commettre* un crime abominable. Je vous dirai donc que *sans tarder* plus long-tems, nous pour-

suivimes notre voyage. Il fit ce
coup *sans avoir communiqué* son
dessein à personne. On n'a pas fait
cela *sans y avoir bien pensé.*
Il a fait ce mariage *sans en avoir*
rien communiqué à ses amis.

Quelquefois la Preposition (*sans*)
se construit avec le Mode Subjonctif : & cela est même assez frequent. Exemp.

Il ira bien tout seul, *sans que j'aille*
avec lui. Il s'en-ira de lui-même
sans qu'on le bannisse. Je fus une
heure en conversation avec lui,
sans qu'il me parlât de vous.
On me mal-traita *sans que je l'usse*
merité. Il m'a ecouté fort long-
tems, *sans qu'il ait dit* un seul mot.
Il nous a fait du bien, *sans que nous*
l'ayons prié de nous en faire.
Il m'avoit découvert son secret,
sans que je l'en eusse prié.

La Preposition (*après*) se construit fort souvent avec le Preterit
composé de l'Infinitif ; mais elle ne
se met jamais avec le simple. Ex.
Cyrus, *après avoir vaincu* les Me-

des, porta la guerre aux Lydiens.
Aprés avoir examiné vos raisons,
je trouve qu'elles ne font pas legi-
times. Dieu, *aprés avoir creé* le
Ciel & la terre, & tous les animaux, créa l'homme à son image.
Aprés avoir long-tems attendu de
vos nouvelles, nous en avons enfin
reçû, &c.

On se sert aussi du Verbe auxiliaire DEVOIR devant l'Infinitif des
autres Verbes, pour signifier une
action future ou prochaine. Ce qui
a la force, & presque la même
signification des Participes Latins
terminez en *urus, a, um,* & de tous
ceux du Tems Futur. Exemp.
Devoir partir, *abiturum esse.*
Devoir arriver, *adventurum esse.*

Devoir être puni { *punitum iri* vel *puniendum esse.*

Mais on ne se sert ordinairement
de cet auxiliaire devant l'Infinitif
des Verbes, qu'aprés le Tems Present & l'Imparfait de l'Indicatif ou
du Subjonctif. Exemp.

Ie dois partir demain. *Il doit ar-*
river dans trois jours. *Ces gens*
doivent être punis dans peu de jours.
Nous devons aller ensemble à Paris la semaine qui vient. Je sai que
vous devez recevoir des nouvelles
de votre païs par le premier Cou-
rier. *Ie devois* hier *diner* avec
votre ami. *Le Roi devoit aller* en
Flandres. *Nous devions* hier *deci-*
der notre differend à l'amiable.
Ils devoient voyager ensemble, si la
mort n'eut prevenu leur dessein. *Et*
autres semblables.

On se sert aussi de cet auxiliaire
dans le Subjonctif, & même dans
d'autres Modes & d'autres Tems ;
mais non-pas si frequemment. Ex.
Quoi-qu'il *doive partir* demain, je
ne laisserai pas de lui parler de cette affaire. Le Roi *devant bien-tôt*
faire la paix, se prepare pour son
voyage. Je ne savois pas que nous
dussions aller ensemble. Vous n'é-
tiez pas content, bien que *vous*
dussiez recevoir de l'argent.
Dussiez-vous perir dans cette en-

treprife, l'honneur veut que vous la pourfuiviez : &c.

On dit auffi dans l'idée d'une action prochaine, *Ie fuis fur le point de partir*; ou, Je fuis fur mon depart. *Nous etions fur le point* de joindre nos forces, quand la paix fut concluë. Il a efté *fur le point de mourir. Nous fufmes fur le point* de rompre & de nous divifer. Quoi-qu'il *foit fur le point* de fe joindre avec vous, il ne m'abandonnera pas : &c.

On dit auffi dans quelques Preterits ; *Nous penfâmes mourir de faim. Il faillit à fe noyer. I'ai penfé rompre avec lui. Nous avions penfé vous écrire & vous avertir auparavant* : &c.

Avant que de finir ce Chapitre, il fera bon d'obferver ici, que le Verbe DEVOIR fert à trois ufages differens.

Premierement, c'eft un Verbe actif qui répond au *debere* des Latins, & qui tire aprês foi l'Accufatif. Exemp.

Ie dois beaucoup *d'argent*; mais j'ai dequoi payer. C'eſt un grand plaiſir à un honnête homme de ne rien *devoir* à perſonne. *On doit du reſpeƐt* à ſes Superieurs. Ce Prince a de grands revenus, mais *il doit plus d'un million*: &c.

Secondement, le Verbe DEVOIR eſt quelquefois neutre, & ſe joint avec l'Infinitif des autres Verbes, où il ſignifie *être du devoir* ou *de la juſtice*, &c. Exemp.
Chacun *doit aimer* ſa patrie, & *obeïr* à ſes Superieurs. Quand Dieu nous afflige, nous *devons reſpeƐter* la main qui nous frape. *On doit rendre* la juſtice à tout le monde. Si vous voulez qu'on ait du reſpeƐt pour vous, & qu'on vous eſtime, *vous en devez avoir* pour les autres. Si un Prince veut regner avec gloire, & deſire être bien ſervi, *il doit faire choix* de gens de merite: *il doit punir* le vice, & recompenſer la vertu: &c.

Enfin, le Verbe DEVOIR ſert d'auxiliaire aus autres Verbes, de

là maniere que j'ai dit, pour signifier une action future ou prochaine
dans la voix active, la neutre & la
passive. Ce que je montrerai dans
les Tables de la Conjugaison.

DU PARTICIPE.

LE PARTICIPE est une partie
du discours, qui derivant du
Verbe en retient la signification ;
& outre cela il prend souvent la
forme du Nom.

Le Participe a tous les accidens
ou circonstances qui accompagnent
le Nom & le Verbe, à la personne prés.

A l'égard de sa signification, &
des Verbes dont il descend, il se
divise en *Actif*, en *Neutre*, en
Passif, & a diverses terminaisons.
La premiere & la plus remarquable est de ceux qui sont terminez
en (*ant*) qui sont semblables dans
toutes les Conjugaisons, & qui ne
varient jamais tant qu'ils ont purement la force des Verbes dont ils
descendent ;

descendent ; mais font de tout genre , de tout nombre , & de toutes
les perfonnes. Exemp.

Le Soleil *echauffant* la terre par la
force de fes rayons, chaffe la froi-
dure dans le Printems, ramene les
fleurs & les fruits , & produit par-
tout l'abondance.

La Lune *luifant* dans la nuit, femble nous rendre un nouveau jour.

Les etoiles *brillant* dans une nuit
obfcure , etalent à nos yeux les
merveilles du Firmament.

Le Roi *etant* affis fur fon Lit de
Juftice, prononça plufieurs belles
Ordonnances qui s'executent aujourd'hui. La Reine *etant* indif-
pofée, ne peut fe trouver au Ballet
du Roi. Nous *etant* enfin fouve-
nu de vous. Me *fouvenant* enfin
de lui. Les Ennemis *etant* devant
une de nos Places , nos Troupes les
y allerent attaquer. Ces Dames
etant un peu delicates , ne pûrent
fouffrir la fatigue du voyage.

Les Juges *ayant* examiné ma caufe, la trouverent jufte , & condam-

X

nerent ma partie. Vos amis *etant*
obligez de deffendre votre droit,
ont resolu de se joindre à vous: *&c.*

Par ces exemples on peut voir
que dans les trois formes des Verbes le Participe retient toûjours sa
terminaison, & se construit dans
tous les Genres, dans tous les Nombres, avec toutes les Personnes.
Quand donc le Participe a purement la force d'un Verbe, il n'y
faut point ajouter (d's) quoi-qu'il
soit au Pluriel; ni (d'*e*) encore qu'il
soit du Genre Feminin: & ce seroit
mal-parler & mal-ecrire, que de
convertir les phrases ci-dessus en
cette maniere. Exemp.
Les Princes *etants* unis. La Lune
luisante dans la nuit, semble nous
rendre le jour. Les etoiles *bril-*
lantes dans la nuit obscure, etalent
à nos yeux: *&c.*

Il faut donc tenir comme une
maxime certaine, que le Participe
ayant purement la signification du
Verbe dont il descend, est de tout
Genre, de tout Nombre, de

toutes les Perſonnes ; & qu'il ne change rien dans ſa terminaiſon. Mais lors qu'il prend la forme du Nom, il reçoit une difference de Genre & de Nombre: & pour marquer cette difference, il varie ſa terminaiſon. Exemp.

Un homme *brillant*, une Beauté *charmante*, la Lune *luiſante*, les etoiles *etincelantes*, des objets *charmans*, des paroles *choquantes*. Un *panchant* au vice, une *Gouvernante*, des *ſervantes* adroites, & beaucoup d'autres mots où le Participe ſert de Nom Subſtantif.

Voilà, ce me ſemble, la veritable diſtinction qu'on doit faire entre le Participe entant que Verbe, & entant que Nom. C'eſt pourtant ce que nos Grammairiens, & pluſieurs perſonnes qui ont ecrit des Livres de Remarques, n'ont jamais bien entendu ni bien expliqué. Il eſt vrai qu'ils ont vû, quoi qu'aſſez obſcurement, qu'il y avoit quelque difference dans l'uſage du Participe, & qu'ils l'ont appellé *Supin*

quand il a purement la force du
Verbe. Mais ce Nom me semble
plus obscur que la chose même,
qu'ils veulent représenter par ce
mot, qui est tout-à-fait de la Langue Latine , & qui ne peut être
raisonnablement reçu dans la notre. Je n'ai jamais pû apprendre
dans aucun Livre, ni de la bouche
d'aucun Savant, d'où venoient ces
Noms de *Gerundia* & *Supina*, que
les Latins donnent à de certaines
parties du Verbe. Ceux qui usent
de ces mots dans notre Langue, me
feroient un plaisir extrême de m'en
donner l'explication, dont le Public
pourroit aussi profiter.

Il faut remarquer ici , que les
Verbes impersonnels n'ont point de
Participe terminé en (*ant*) & que
bien qu'il soit facile d'en former de
quelques-uns, il est mal-aisé de s'en
servir regulierement. Exemp.
*Il faut, il pleut, il neige, il
grêle, il fait chaud, il fait froid,
on dit, on croit :* &c.
Neammoins on s'en sert quelque-

fois en certaines phrases, comme celles qui suivent.

Le cas *advenant* que. Cela *arrivant* ainsi. Cela *etant*. Ce qui *etant* arrivé. Ce qui *écheant*. Cela se *faisant* toujours ainsi. *Pleuvant* alors à verse, nous ne voulumes point partir. Cette nuit *tonnant* & grêlant etrangement, personne n'osoit sortir de chez lui. *Faisant* fort chaud ce jour-là, qui pouvoit sans danger s'exposer à la chaleur? *Et autres semblables.*

Mais ces façons de parler sont rares & peu suivies.

La Preposition (*en*) se construit souvent avec le Participe, terminé en (*ant*) mais elle ne se trouve jamais avec aucune autre partie du Verbe. Exemp.

En parlant de la guerre, nous dîmes beaucoup de choses touchant les conquêtes du Roi.

En revenant de la campagne, je rencontrai votre ami. Elle me dit *en soupirant*, que son amour etoit extrême. *En regardant* ce Palais magnifique , il nous ſouvint des grandes actions de ſon Fondateur. Il me tira d'un danger extrême , *en m'avertiſſant* du deſſein de mes en-nemis : *&c.*

On peut voir clairement par ce que nous venons de dire de l'uſage des Prepoſitions ſeparables qui ſe conſtruiſent avec l'Infinitif des Verbes , que par leur moyen nous pouvons facilement exprimer preſ-que tout ce qu'on peut dire en La-tin avec les Gerondifs , les Supins , les Participes , & l'Ablatif abſolu ; & que ſi notre Langue n'a point de ces Gerondifs & de ces Supins , elle a d'autres manieres de dire les choſes , que les Latins n'avoient pas.

Outre le Participe terminé en (*ant*) qui eſt du Tems Preſent & de l'Imparfait , nous en avons du Preterit ou Tems paſſé, qui pour la plupart different en terminaiſon & en ſignification, comme les Verbes dont ils dérivent. Ceux de la pre-miere Conjugaiſon ſont terminez

en (é) masculin, & se forment de
l'Infinitif en (er) de leur Verbe, en
otant (l'r) finale, & mettant un accent aigu sur (l'e) qui la precedoit.
Ainsi, des Verbes *porter, aimer,*
parler, aller, se forment les Participes *porté, aimé, parlé, allé,* qui
retiennent toujours la forme ou
signification des Verbes dont ils
descendent. Ils sont de tout Genre,
de tout Nombre, & de toutes les
Personnes, sans varier leur terminaison, quand ils servent à la voix
active après le Verbe auxiliaire
avoir. Exemp.

J'ai   vous aviez   }
tu avois   ils urent   porté
il eut   elles auront   aimé
elle aura   avoir   &c.
nous avons   ayant

Neammoins quand ces Participes
sont precedez du relatif (*qui*) ou
(*lequel*) ils varient leur Genre &
leur Nombre en diverses occasions. Exemp.
C'est un homme qui s'est *déclaré*
coupable. Une femme qui s'est

d'abord *declarée*. Des hommes qui
se sont *declarez* complices. Des
femmes qui se sont d'abord *declarées*. Où est le Livre que je vous
ai *presté?* Les vers qu'on leur avoit
envoyez. La somme qu'il m'a *prê-
tée*. Les choses que je leur ai *don-
nées*. C'est un conseil que j'ai toujours *approuvé*. C'est une conduite
que j'ai toujours *blâmée*. Des pro-
positions qu'on a *rejettées :* &c.

Nous avons imité les Italiens
dans ces façons de parler, parce
qu'elles sont quelquefois commodes, & sur-tout aux Poëtes ; mais,
à la verité, elles sont extremement
contraires aux loix de la Grammaire raisonnable, puisqu'en ces occasions la voix passive usurpe la place
de l'active : ce qui est tout opposé
au genie de notre Langue, & à
l'humeur des François, dont le
temperament est beaucoup plus
actif que passif. D'ailleurs, cette
distinction de Genre & de Nombre dans les Participes, dont la
signification est active, n'est pas

seulement irreguliere, mais de plus
elle est fade & languissante : & cela
est si vray, que pour l'eviter &
parler plus vivement, on fait les
Participes du Tems passé de tout
Genre & de tout Nombre devant
l'Infinitif de la plûpart des Verbes,
& dans les Preterits des Verbes
refléchis, des reciproques, & de
plusieurs autres. Exemp.

Il est
elle estoit
ils sont
elles estoient
} allé voir

& non-pas, Ils etoient *allez* ; ou,
Elles sont *allées* voir. Il s'est, elle
s'est, vous vous êtes, elles se font
fait un plaisir de notre douleur.
Elles se font *dit* cent injures. Ces
Dames se font *acquis* de la réputa-
tion par leur bonne conduite.
Mes espions me font *venu* donner
un bon avis. Les femmes se font
rendu absolües sur l'esprit de ce
Prince.

Je sai bien que tout le monde ne
demeure pas d'accord de ces con-

ſtructions, & qu'il n'eſt rien dans notre Langue de plus conteſté & de plus difficile à decider que cette queſtion : mais je ſuis perſuadé que le parti de la voix active eſt le meilleur, & que ſi les Auteurs qui ſont pour l'opinion contraire, avoient bien diſtingué les choſes, & conſideré le genie de notre Langue, ils ne ſeroient pas ſi entêtez de ces façons de parler Italiennes, qui ſont en cette occaſion extrémement fades & dégoûtantes. J'avoüe pourtant qu'elles ſont quelquefois commodes, & qu'elles ſervent à eviter des cacophonies dans pluſieurs rencontres. Ex. Nos gens ſont *allez* à Paris. Ces Dames ſont *venuës* au tems qu'il faloit, *&c.*

On dit encore, Ces Dames ſont *venuës, arrivées,* elles s'en ſont *allées :* mais on dit, elles ſont *allé* dejuner, &c.

Dans les Participes du Tems Preterit des Verbes Imperſonnels on ne marque aucune difference de

Genre ni de Nombre, ni dans celui du Verbe Subftantif. Exemp.
*Il a falu, il a plû, il a neigé,
il a fait chaud, il a été neceffaire,
on a dit, on a crû,* &c.

Mais les Participes de la voix
paffive reçoivent une diftinction
de Genre & de Nombre. Ex.
Je fuis *aimé,* elle eft *aimée* : nous
fommes *aimez,* elles font *aimées.*
Tu as efté *aimé,* elle a efté *aimée:*
vous avez efté *aimez,* elles ont efté
aimées. Etant *aimé, aimez; aimée,
aimées.* Avoir efté *aimé, aimée;
aimez, aimées.* Ayant efté *aimé,
aimée; aimez, aimées :* &c.

Remarquez que lors que le Pronom (*vous*) ufurpe la place du Singulier (*tu*) le Participe paffif qui le
fuit fe met au Singulier. Ex.
Vous eftes aimé, ou aimée : *vous*
avez efté aimé, ou aimée.
Mais *vous,* etant aimé ou aimée,
ayant efté aimé ou aimée, comme
vous l'eftes, ou comme vous l'avez
efté, *&c.*

Ce que j'ai dit des Participes de

la premiere Conjugaifon fe doit
auffi entendre de ceux des autres,
foit dans les Verbes reguliers ou
dans les irreguliers. Toute la difference qui eft entre eux, n'eft qu'en
leur terminaifon. Ceux de la premiere Conjugaifon font terminez
par un (e) mafculin, & forment
leur Pluriel par l'addition d'une (s)
ou d'un (z) ce qui eft indifferent,
pourvû qu'on marque (l'e) mafculin d'un accent aigu dans le Singulier, & devant une (s) au Pluriel:
mais devant un (z) on n'y met
point d'accent. Exemp.

Aimé, aimés ou *aimez.*

Le Genre Feminin fe forme du
Mafculin, en y ajoutant un (e) debile ou Feminin. Exemp.

Aimé, aimée, & au Pluriel *aimées.*

Ceux de la feconde fe forment
de l'Infinitif, en otant la lettre (r)
feulement. Par exemple, de *bannir, bâtir, punir* on forme les
Participes *banni, bâti, puni,* dont
on fait les Feminins *bannie, bâtie,
punie,* &c.

On